**10년 후의
내 모습을
상상하라**

김영기
김정혁
곽호승
이승관
윤인석
김재우
김형선
최재영
김솔규
윤재훈
김영대

미래 일자리
확보를 위한 스펙

10년 후의
내 모습을
상상하라

**"큰 꿈과 비전을 가지고 열정적으로
미래 10년을 대비하자!"**

인생은 도전과 실패, 성공의 연속이다.
10년 후 초전문가(Hyperspecialization)로 우뚝 서자.

서문

예전에는 61세, 즉 '환갑'이 되면 인생을 마무리하면서 모든 것을 내려놓는 경우가 대부분이었으나 이제는 인생 두 번째 30년을 마치고 세 번째 30년을 시작하는 시기가 되었다. 일반적으로 1~30세까지는 경제적으로 부모의 지원을 받고 31~60세까지는 부모로부터 독립하여 자신만의 가정을 꾸린 후 자녀들을 키우고 집 장만을 하게 된다. 최근에는 그 이후 30년을 더 살아내야 하기에 우리는 반드시 미래를 준비해야만 한다.

> "인생은 도전과 실패, 성공의 연속이다."
> - 대표저자 김영기 -

100세 시대는 기존의 생활이나 관습 등과는 완전히 새로운 패러다임을 예고하고 있다. '60세 정년, 65세 노인'이라는 기준도 바뀔 때가 된 것이다. 100세 시대를 1막(0~50세)과 2막(51~100세)으로 나눈다고 가정하자. 인기 스포츠인 축구로 비유하자면 1막은 전반전이고, 2막은 후반전이다. 축구에서 후반전이 전술상 중요하듯이 우리의 인생도 후반전이 전반전보다 후반전이 더 중요할 수 있다. "야구는 9회 말 2아웃부터, 끝날 때까지 끝난 게 아니다."라고 말한 요기 베라의 말처럼 말년 운을 좋게 만들어 나가야 한다.

"행운이란 준비가 기회를 만나는 것이다."
- 로마 철학자 세네카 -

오늘 이 책을 통해 우리가 던지는 화두(話頭)는 새로운 30년 또는 인생 2막을 위하여 미래 10년을 어떻게 준비해야 하는가에 관한 것이다. 이 책의 저자들은 대부분 40대에서 60대를 살아가고 있는 평범한 사람들이다. 이들은 하나같이 '새로운 30년' 또는 '인생 2막'을 준비하고 있다.

미래를 예측하는 전문가들은 아니지만 디지털 시대의 리더는 기획력과 실행력을 갖춘 초전문가(Hyper-specialization)로 포지셔닝하는 것이 향후 10년의 과제이다. 이 책의 저자들은 미리미리 10년 후를 예상하고 큰 꿈과 비전을 가지고 하루하루를 열정적으로 살아가고 있다. 이 책이 독자분들에게 미래 10년을 꿈꾸게 하는 등대 역할을 하리라 확신한다.

연세대학교 명예교수로 재직 중인 102세의 김형석 교수는 "100세를 살아보니 인생의 가장 황금기는 60~75세"라고 주장하셨고 정신과 의사인 이시형 박사는 80대 후반임에도 불구하고 40~50대 중년같이 현역 생활을 하며 살아가고 있다.

"나이는 숫자에 불과하다. 사람은 기회만 있으면 도전해야 한다."

- 대표저자 김영기 -

이 책이 독자 여러분들의 10년 후를 꿈꾸고 실행해 나가는데 마중물이 되기를 기대한다.

2021.12.25.

대표저자 김영기 외 10명 Dream

목 차

서문 005

제1장
나의 멘토들을 본받아 10년 후를 상상해 본다 - 김영기   •011

제2장
**신중년, 100세 시대를 위한
10년 프로젝트를 준비하라** - 김정혁   •027

들어가며 029 | 신중년, 내 인생의 목표? 030 | 10년 프로젝트를 기획하다 039 | 100세 시대를 준비해야 한다 044 | 10년 후 나의 모습은 어디쯤? 046

제3장
애자일(Agile) 인생 - 곽호승   •053

애자일 인생: 목표 수립과 달성에 대하여 055 | BHAG 방식 056 | 욕심 다이어트와 목표 실현 063 | 맺음말 067

제4장

AI 시대 성공적인 신중년 100세
스펙 액션 구현을 위한 플랜 추진 전략 - 이승관   •071

AI 시대의 성공적인 인생로드맵 개요 073 | 지속가능한 3 : 3 : 3 단계별 인생 로드맵 스펙 요건 077 | 신중년 100세 구현을 위한 3 : 3 : 3 단계별 실천 전략 082 | 신중년 100세 시대 일자리 연계 비즈니스 모델 방안 086

제5장

직장인을 위한 스펙(Spec) 준비 로드맵 - 윤인석   •093

직장인에게 스펙(Spec) 준비란? 095 | 스펙(Spec) 준비 로드맵 099 | 준비하지 않으면 바뀌지 않는다 107

제6장

10년 전부터 준비한 내 모습 - 김재우   •111

10년 전부터 준비한 내 모습 113 | 지금부터 당장 미래를 상상하라 117 | 10년 후의 내 모습을 향해 121

제7장

인생 2막을 위한 직장생활 - 김형선   •127

인생 2막을 위한 직장생활 129

제8장
소중한 내 인생, 늦었다고 포기할 수는 없다 - 최재영 •147
신(新)중년이 무엇이지? 149 | 신중년 관련 정부정책 및 지원사업 159

제9장
당신의 10년 후는 안전한가? - 김솔규 •173
들어가며 175 | '나'라는 브랜드를 만들어라 176 | 즐기기만 하던 취미로 이윤까지 연결해라 183 | 독이 아닌 복, SNS를 이용하라 188 | 잘 때도 돈이 들어오는 파이프라인을 만들어라 193

제10장
미래 일자리 10년 후를 준비하는 비전 설계 - 윤재훈 •201
미래를 대비하는 우리의 자세 203 | 현재를 통해 미래를 준비하자 208 | 10년 후 내 모습을 상상하자 215 | 맺음말 220

제11장
인생의 로드맵, 10년 뒤 나의 모습 - 김영대 •225
들어가며 227 | 2020년(코로나 팬데믹) 이전 나의 모습 230 | 내 인생의 터닝 포인트 코로나19 팬데믹(20~21년) 234 | 커리어로드맵을 활용하여 10년을 준비하다 245

제1장

나의 멘토들을 본받아
10년 후를 상상해 본다

· 김영기 ·

현재 만 60세인 필자는 10년 후가 되면 만 70세를 맞이한다. 예전에는 환갑을 맞이하면 은퇴하여 쉬고 있는 것에 비하면 현재도 활발하게 사회활동을 하는 나를 조망하며 대견하다는 칭찬을 하고 싶다. 아직은 건강하고 열정적으로 활동하고 있지만 10년 후의 내 모습은 어떨까? 상상해 본다.

지금은 자신만만하지만 신체의 기능이 떨어지고 정신상태가 약해진다면 70세에는 전체적으로 현재보다 약해지지 않을까 상상해 보지만 그럼에도 불구하고 더욱더 전성기를 맞을 것이라는 확신을 해 본다.

나의 멘토 중에 한 분이신 102세의 김형석 연세대 명예교수님은 『백년을 살아보니』를 통해 인생의 가장 좋은 황금기는 60세에서 75세라고 본인의 경험담을 말씀하셨다. 그렇다면 나의 10년 후인 70세도 황금기가 될 수 있지 않을까?

인생의 황금기가 60~75세라는 김형석 멘토님의 인생 경험을 나는 확신하며 믿고 있다. 따라서 60세인 지금부터 10년 후인 70세까지 내 인생 최고의 황금기가 될 것으로 상상하며 자기암시를 주면서 꿈꾸고 있다.

필자가 멘토로 삼고 있는 여섯 분의 생애를 찾아보면 답이 나올 것 같아 그분들의 삶을 조명해 보면, 다음과 같다.

필자의 인생 멘토는 여섯 분이 있다. 국외 멘토는 인류애를 실현한 알버트 슈바이처, 경영학의 아버지이자 독립 컨설턴트인 피터 드러커, 1008번 실패를 극복하고 65세에 새롭게 시작하여 성공을 거둔 KFC 창업주 커넬 샌더스이고 국내 멘토는 102세까지 장수하신 철학자 김형석 연세대 명예교수, 정신과 의사이시면서 뇌의 행복물질인 세로토닌 증진을 위한 세로토닌문화원과 힐링리조트인 힐리언스 선마을 촌장이신 이시형 박사, 국제예술대학교 총장을 지내신 박사과정 지도교수였던 강일모 박사이다.

90세까지 살면서 노벨 평화상을 수상한 알버트 슈바이처 박사(1875~1965)로부터는 열정과 인류애, 봉사정신 등을 배울 수 있었다. 이 분은 유복한 집안에 태어나고 박사 학위 4개를 취득할 정도로 공부를 열심히 했지만, 아프리카에 봉사활동을 가 보니 그동안 배우고 경험했던 노하우들이 다 필요 없고 의술이 시급하다는 것을 깨달았다.

이후 고국으로 다시 돌아와 늦깎이에 의학박사를 공부하고 의사가 되어서 아프리카로 다시 건너가 불쌍한 사람들에게 의료 봉사를 하다가 돌아가셨다. 이 분의 봉사정신과 나눔 철학을 필자도 실천하기 위하여 멘토 중의 제1의 멘토로 받들고 있다.

피터 드러커(1909~2005)는 경영학 분야에서는 세계 제1의 학자였다. 그가 93세 되던 해에 출간하여 세계적 베스트셀러에 오른 책이 있다. 『Next Society』란 책이다. 이 멘토 분도 93세에 출간한 책이 베스트셀러에 오를 정도였으니, 70세에는 정신적으로는 최고의 경지에 오르지 않을까 상상해 본다.

피터 드러커는 현대 경영학의 창시자이며 아버지라고 알려져 있지만 지금까지 가장 저명한 독립 컨설턴트로 사신 분으로 컨설턴트로의 삶을 목표와 비전으로 세운 필자의 입장에서 배울 것이 너무나 많은 분이다.

특히 드러커의 1인 기업정신은 인생 2막을 시작한 컨설턴트로서는 벤치마킹 대상이 되고 있다. 드러커는 다른 컨설턴트와는 다르게 대규모 컨설팅 회사를 차리거나 직원을 두지 않았다고 한다. 진정한 의미의 1인 독립 컨설턴트로 살면서 컨설팅 수요가 넘쳐 나는 세계적으로 저명한 컨설팅 전문가임에도 불구하고 모든 고객전화를 직접 받으셨다고 한다. 고객이 전화를 하면 "여보세요. 드러커입니다."라는 목소리를 들을 수 있었고 집에서 컨설팅 업무를 보면서 전화를 직접 받으면서 일을 했다는 전설 같은 얘기는 비즈니스닥터(Business Doctor)와 1인 기업 독립 컨설턴트를 지향하는 필자의 방향성과 너무 일치하여 이분의 컨설팅 방법론을 늘 연구하고 배우고 있다.

이 멘토의 어록을 보면, "실천이 없으면, 이루어 낸 것은 아무것도 없다."라는 말씀을 하셨다. 나를 실행력이 강한 사람으로 만들었던 원동력이다.

KFC 창업주 커넬 샌더스(1890~1980)는 필자가 중앙대학교에서 마케팅원론 강의를 6년간 하면서 첫 시간에 학생들과 함께 동영상을 보고 시작하는 레퍼토리였다. 1008번의 실패를 극복하고 65세에 새롭게 창업하여 햄버거 프랜차이즈 역사를 쓴 기업가. 필자도 실패를 많이 하는 편인데 실패에 기죽지 않는 이유는 이 멘토가 1008번의 실패에도 굴하지 않고 1009번째 역전시킨 드라마틱한 사건이 기억에 남아 있기 때문이다.

'인생은 도전과 실패, 성공의 연속. 수많은 실패를 즐겨야 궁극적인 성공에 이를 수 있다.'라는 철학을 주신 분이다.

올해 102세의 김형석 멘토는 살아 있는 인생 2막의 롤모델이다. 이

분의 철학과 이론은 너무 많아 각설하고, 필자가 이 멘토를 좋아하는 이유는 그의 저서『백년을 살아보니』처럼 인생 2막을 먼저 경험하고 살아보신 멘토의 깨달음과 가르침을 본받고자 함이다.

102세인 현재도 강의를 하러 다니시는데 이 분의 강의 내용 중 100세를 살아 보니 '공부하는 동안 안 늙는다.', '새로운 것을 경험하고 살면 안 늙는다.', '연애하며 살면 안 늙는다.'라는 문구가 필자의 뇌리를 쫭하고 때리며 가르침을 주셨다.

그래서 필자가 계속 공부를 한다고 박사과정 2번, 석사과정 2번, 학사과정 2번을 하면서 한국방송통신대 4학년 학생으로 공부를 계속하고 있는 것이다. 목표는 제1 멘토 슈바이처 박사과정을 5번 공부했듯이 박사과정 5번, 석사과정 5번, 학사과정 5번을 거치며 계속 공부하는 것이다.

그리고 '새로운 것을 경험하면서 살면 안 늙는다.'는 가르침을 실천하고자 필자가 늘 새로운 것에 도전하고 실패하는 것을 즐겁게 하고 있는 것도 이 멘토의 가르침이기도 하다.

또한, '연애하며 살며 안 늙는다.'라는 가르침도 연애를 하면서 '설렘'을 느끼는 것처럼 늘 연애하듯이 사람을 사랑하고 좋아하는 습관을 기르고 있다. 나이가 들어감에 따라 육체적인 것보다는 정신적인 연애로 사람을 좋아하려고 노력하고 있다.

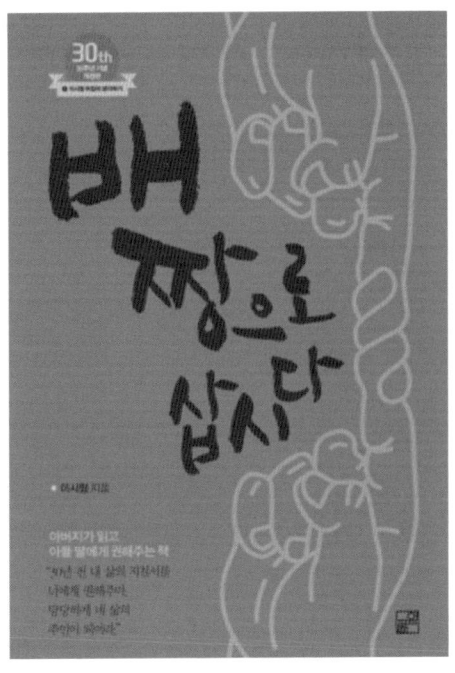

정신과 의사였던 이시형 박사는 필자가 2013년 겨울방학 동안 뇌 공부를 300시간 이상 하면서 모시게 된 멘토이다.

뇌에서 나오는 행복호르몬을 연구하신 성과를 높이 받들며 필자도 뇌과학에 경영학을 접목한 브레인경영을 새롭게 학문 영역으로 만들었다. 2015년도 7월에 한국브레인학회를 창립하여 학회장으로 브레인경영을 계속 연구하며 2016년 11월에『브레인경영』을 연구, 출간하였으며 2019년 2월에『브레인경영 비즈니스모델』을 연구, 출간하였고 2020년 4월『4차 산업혁명 시대 AI 블록체인과 브레인경영』, 2021년 8월『4차 산업혁명 시대 AI 블록체인과 브레인경영 2021』이라는 연구서를 출간하였다.

특히 이시형 멘토는 88세의 연세임에도 불구하고 책을 약 88권 출간하여 필자에게 책 100권을 쓰겠다는 목표와 비전을 주신 분이다. 현재까지 필자는 책을 40권밖에 출간하지 못했지만, 이시형 멘토께서 나로 하여금 일생에 책 100권 출간하는 원대한 꿈을 주셨다. 그래서 필자는 2020년 들어와서 매월 책 1권을 쓰고 있고 10년 후에는 100권 이상의 책을 출간할 것으로 상상해 본다.

강일모 멘토는 최근에도 자주 만나 뵙고, 조언을 듣고, 늘 가르침을 받곤 한다. 국제예술대학교 2대 총장을 거쳐 70세인 현재에도 차의과학대학의 학교법인 성광학원의 상임이사로 근무하고 계신다. 너무 가깝게 지내다 보니 책에 바로 언급하기가 조심스럽지만, 이 분의 학구열과 삶의 철학을 늘 흠모하고 설렘으로 마주한다.

이처럼 필자의 멘토 여섯 분의 삶을 들여다보면서 10년 후의 나의 모습을 오버랩해 보면 70세라는 것은 숫자에 불과하고 '사람은 기회만 있으면 도전해야 한다.'는 사실을 깨달았다.

90세까지 사신 알버트 슈바이처 멘토는 노벨 평화상을 수상하셨고, 피터 드러커 멘토는 93세 되던 해에 출간한 『Next Society』라는 책이 세계적인 베스트셀러가 되었다. 커넬 샌더스 멘토는 65세에 1008번 실패를 극복하고 KFC라는 치킨 프랜차이즈를 성공시킨 불굴의 사업가로 90세까지 사셨다.

국내 멘토이신 김형석 교수는 현재 102세로 생생하게 활동하고 계시고 이시형 멘토는 88세에 약 88권의 책을 쓰시고 현재도 '세로토닌문화원' 원장과 강원도 홍천 '힐리언스 선마을' 촌장으로 왕성하게 활동 중이시며, 강일모 멘토는 금년도에 70세이신데도 차의과대학교의 학교법인 성광학원 상임이사로 현직에서 근무하고 계신다.

필자의 국내외 멘토 여섯 분의 인생을 분석해 보면 해외 멘토인 세 분은 모두 작고하셨지만 알버트 슈바이처 멘토는 90세, 피터 드러커 멘토는 96세, 커넬 샌더스 멘토는 90세로 열정적인 활동을 하시면서 모두 90세를 넘게 사셨다.

국내 멘토이신 김형석 교수는 102세, 이시형 박사는 88세, 강일모 총장은 70세인 현재도 현직에서 왕성하게 활동하고 계신다.

이를 비추어 볼 때 필자의 10년 후의 70세 모습은 여섯 분의 멘토들을 본받아 살아가기 때문에 건강만 유지한다면 왕성한 활동을 기대할 수 있을 것 같다.

10년 후에는 책을 100권 이상 출간할 것 같고 이 중에 베스트셀러가 나오기를 꿈꾸고 있으며, 평생 공부인 박사과정 5번, 석사과정 5번, 학사과정 5번도 70% 이상 달성할 것으로 예상한다. 그리고 여건이 허락된다면 세계적인 온라인대학 설립과 자선단체인 한국의 유니세프 설립도 상상해 본다. 또한, 비즈니스도 현재같이 정부 지자체 컨설팅이나 평가위원, 강의가 중심이 아니라 필자가 직접 만든 비즈니스 모델로 플랫폼 비즈니스를 할 것으로 기대한다.

'인생은 도전과 실패, 성공의 연속이다.'
'나이는 숫자에 불과하다. 사람은 기회만 있으면 도전해야 한다.'
'행운이란 준비가 기회를 만나는 것. 열정적으로 도전하자.'

저자소개

김영기 KIM YOUNG GI

학력
· 영어영문학사·사회복지학사·교육학 학사과정 중
· 신문방송학 석사·고령친화산업학 석사 수료
· 부동산경영학 박사·사회복지상담학 박사 수료

경력
· KCA한국컨설턴트사관학교 교장/총괄교수
· 정보통신산업진흥원 등 10여 개 기관 심사평가위원
· 중소기업중앙회 소기업·소상공인 경영지원단 자문위원
· 서울신용보증재단 소상공인컨설턴트 및 창업강사
· 중앙대·경기대·세종대·강남대·한국산업기술대 강사 역임

자격
· 경영지도사·국제공인경영컨설턴트(ICMCI CMC)
· ISO국제선임심사원(ISO9001/ISO14001)·창업지도사 1급

저서
· 『부동산경매사전』, 일신출판사, 2009.(공저)

- 「부동산용어사전」, 일신출판사, 2009.(공저)
- 「부동산경영론연구」, 아이피알커뮤니케이션, 2010.(김영기)
- 「성공을 위한 리허설」, 행복에너지, 2012.(김영기 외 20인)
- 「억대연봉 컨설턴트 프로젝트」, 시니어파트너즈, 2013.(김영기)
- 「경영지도사 로드맵」, 시니어파트너즈, 2014.(김영기)
- 「메타인지학습- 브레인컨설턴트」, e경영연구원, 2015.(김영기)
- 「메타인지학습- 진짜 공부혁명」, e경영연구원, 2015.(공저)
- 「창업과 경영의 이해」, 범한, 2015.(김영기 외 1인)
- 「NEW 마케팅」, 범한, 2015.(공저)
- 「브레인 경영」, 범한, 2016.(김영기 외 7인)
- 「저작권 진단 및 사업화 컨설팅(서진씨엔에스, 쿠프, 아이스페이스)」, 충청북도지식산업진흥원, 2017.(김영기)
- 「저작권 진단 및 사업화 컨설팅(와바다다)」, 강릉과학산업진흥원, 2018.(김영기)
- 「공공기관 합격 로드맵」, 렛츠북, 2019.(김영기 외 20인)
- 「브레인경영 비즈니스 모델」, 렛츠북, 2019.(김영기 외 6인)
- 「저작권 진단 및 사업화 컨설팅(파도스튜디오)」, 강릉과학산업진흥원, 2019.(김영기)
- 「2020 소상공인 컨설팅」, 렛츠북, 2020.(김영기 외 9인)
- 「공공기관 대기업 면접의 정석」, 브레인플랫폼, 2020.(김영기 외 20인)
- 「인생 2막 멘토들」, 렛츠북, 2020.(김영기 외 17인)
- 「4차 산업혁명 시대 AI 블록체인과 브레인경영」, 브레인플랫폼, 2020.(김영기 외 21인)
- 「재취업전직지원서비스 효과적 모델」, 렛츠북, 2020.(김영기 외 20인)
- 「미래 유망 자격증」, 렛츠북, 2020.(김영기 외 19인)
- 「창업과 창직」, 브레인플랫폼, 2020.(김영기 외 17인)
- 「경영기술컨설팅의 미래」, 브레인플랫폼, 2020.(김영기 외 18인)
- 「공공기관 합격 노하우」, 브레인플랫폼, 2020.(김영기 외 20인)
- 「신중년 도전과 열정」, 브레인플랫폼, 2020.(김영기 외 18인)
- 「저작권 진단 및 사업화 컨설팅(더웨이브컴퍼니)」, 강릉과학산업 진흥원, 2020.(김영기)
- 「4차 산업혁명 시대 및 포스트 코로나 시대 미래 비전」, 브레인플랫폼, 2020.(김영기 외 18인)
- 「소상공인&중소기업컨설팅」, 브레인플랫폼, 2020.(김영기 외 15인)
- 「미래 유망 기술과 경영」, 브레인플랫폼, 2021.(김영기 외 21인)
- 「공공기관 채용의 모든 것」, 브레인플랫폼, 2021.(김영기 외 21인)

- 「신중년, N잡러가 경쟁력이다」, 브레인플랫폼, 2021.(김영기 외 22인)
- 「안전기술과 미래경영」, 브레인플랫폼, 2021.(김영기 외 21인)
- 「퇴직전문인력 일자리 활성화를 위한 '경영지도 및 진단전문가' 모델 사례연구」, 한국연구재단, 2021.(김영기)
- 「창직형 창업」, 브레인플랫폼, 2021.(김영기 외 17인)
- 「신중년 도전과 열정 2021」, 브레인플랫폼, 2021.(김영기 외 17인)
- 「기업가정신과 창업가정신 그리고 창직가정신」, 브레인플랫폼, 2021.(김영기 외 12인)
- 「4차 산업혁명 시대 AI 블록체인과 브레인경영 2021」, 브레인플랫폼, 2021.(김영기 외 8인)
- 「ESG경영」, 브레인플랫폼, 2021.(김영기 외 23인)
- 「메타버스를 타다」, 브레인플랫폼, 2021.(공저)
- 「N잡러 시대, N잡러 무작정 따라하기」, 브레인플랫폼, 2021.(김영기 외 15인)

수상
- 문화관광부장관표창(2012)
- 대한민국청소년문화대상(2015)
- 대한민국교육문화대상(2016)
- 제35회 대한민국신지식인(교육분야)인증(2020)

— 제2장 —

신중년, 100세 시대를 위한 10년 프로젝트를 준비하라

· 김정혁 ·

들어가며

우리 사회는 고령화와 4차 산업혁명에 따른 변화로 급격히 달라지고 있다. 특히 고령화로 인해 노후 패러다임이 바뀌고 있다.

"그동안 너무 앞만 보고 달려왔다. 그런데 앞으로 뭘 해야 할지 잘 모르겠다. 갈 곳이 마땅치 않아 바다와 산에서 시간을 보낸다. 아직 더 뛰어도 될 것 같은데…."

필자는 63년에 태어난 베이비붐 시대 사람으로 직장, 사업장, 교사, 대학교수로 강단에서 청춘을 바쳐 열심히 일했고, 50대 후반 중년을 넘기면서 명퇴, 은퇴를 마주했다. 모두 끝을 뜻하는 단어지만 인생 전체를 놓고 보면 이제 전반전이 끝났을 뿐이다. 잠시 중간 휴식 시간을 갖고 전반전의 장단점을 분석하고 전략을 짜면, 후반에도 전반 못지않은 실력을 발휘할 수 있을 것 같다. 오히려 전반전 경험이 있기에 승패에 집착하지 않고 후반전은 넉넉하고 여유 있게 삶을 즐길 수도 있을 것이다.

열심히 일하다가 은퇴하고 난 뒤 길지 않은 인생을 즐기고 마무리하던 인생 공식은 더 이상 유효하지 않다. 100세 시대에는 인생 2모작, 3모작이 가능하다. '꼭 이루어야 할 꿈이 있다면, 일생에 한 번쯤 모든 열정을 불태워야 할 일(JOB)이 있다면, 타의 추종을 불허하는 성과를 내고 싶다면 지금 당장 시작하라.'라는 메시지를 던져 주고 싶다.

지금부터 10년 후 나의 모습을 상상해 보라. 그때도 지금과 같이 하루하루 바다로 산으로 향하고 있다면 어떻겠는가? 당신에겐 10년 동안 목숨을 걸고 모든 에너지를 집중할 만한 일생일대의 일(JOB)이 있다.

10년 후 인생 후반을 내가 어떤 모습으로 살고 있을지 생각하며 사는 사람과 그렇지 못한 사람 사이에는 엄청난 차이가 있을 것이다. 후자는 성공은커녕 병들어 허덕이고 있을지도 모른다. 성공하는 사람은 한 번 정한 목표를 향해 우직하게 밀고 나가는 반면, 실패하는 사람은 자꾸만 이곳저곳을 기웃거리며 철새처럼 옮겨 다닌다.

10년간 밤낮없이 한 우물을 독하게 파다 보면 인생은 분명 터닝 포인트를 열어 주어 인생 2모작, 3모작이 가능하게 된다. 이러한 자기 인식, 자기 확신이야말로 바로 나의 인생을 바꿀 새로운 10년의 첫걸음이 될 것이다. 인생 후반을 맞아 치열하고 부지런히 10년 후 전략을 마련하며 그리는 내 인생의 목표는 이런 형태가 될 것이다.

신중년, 내 인생의 목표?

1) 첫 번째 목표: 건강하게 살기

필자가 살면서 가장 중요시하는 내 인생의 첫 번째 목표는 건강하게 오래 사는 삶이다. 아무리 돈이 많고, 친구들이 많아도 건강 없이는 아무것도 할 수 없다. 필자도 요즘 나이 들면서 너무 무리하게 일을 해서 그런지 건강이 확연하게 안 좋아지고 있다는 걸 느낀다. 사실 건강하게 사는 방법이 별도로 있는 것이 아니고 우리 일상 속에서 어느 정도 규칙을 정해 놓고 생활을 한다면 충분히 건강하게 살 수 있을 것이다.

나이가 들면 팔이 떨리고, 정정하던 두 다리가 약해지고 눈은 침침해져서 보는 것마저 힘겹고 넘어질세라 걷는 것마저도 무서워질 것이다. 검은 머리가 파뿌리가 되고, 원기가 떨어져서 보약을 먹어도 효력이 없을 것이다. 그래서 내 건강은 내가 지켜야 한다. 그러기 위해선 남은 생을 멋지고 건강하게 살기 위한 방법을 매일 실천해야 할 것이다.

(1) 매일 30분 이상 걷기

매일 30분 이상 자주 걷는 것은 장수로 가는 지름길이다. 아침 식사 후 맑은 공기 마시며 주변을 산책하듯이 충분히 운동하는 것은 생활의 활력소이다. 걷기 운동은 뼈를 단단하게 해 주고 골다공증을 예방하는 데 도움이 된다는 증거가 있다. 운동을 할 수만 있다면, 과하지 않은 정도에서는 30분 이상 운동을 할 것이다. 어떤 운동이 우리에게 적당할지는 스스로 이미 잘 알고 있을 것이다.

(2) 매일 조금씩 공부하기

두뇌는 정밀한 기계와 같아서 쓰지 않고 내버려 두면 점점 더 빨리 낡아 버린다. 그래서 좋아하는 책을 보면서 외우는 식으로 머리를 쓰는 습관을 들이는 것이다. 일상에서 끝없이 머리를 써야 머리가 녹이 스는 것을 막을 수 있다. 필자 역시 매일매일 책을 보고 공부에 열중한다.

(3) 매일 15분씩 낮잠 자기

피로는 쌓인 즉시 풀어야 쌓아 두면 병이 된다. 두 눈이 감기면 몸이 피곤하다는 것이므로 억지로 잠을 쫓지 말고 잠깐이라도 눈을 붙이는 습관을 갖는 게 좋다. 15분간의 낮잠으로 오전 중에 쌓인 피로를 말끔히 풀고 오후를 활기차게 보낼 수 있도록 매일 실천한다.

(4) 하루에 10분씩 노래 부르기

일상생활에서 스트레스를 많이 받거나 머리가 복잡할 때는 좋아하는 노래를 부른다. 노래를 듣지만 말고 큰소리로든 작은 흥얼거림이든 꼭 따라 부르는 것이 좋다. 스트레스는 만병의 근원, 좋아하는 노래를 부르면서 스트레스를 해소한다. 노래 부르기는 기분을 상쾌하게 하고 대인기피나 우울증 치료에도 효과가 있어 정신과 치료에도 쓰이고 있다. 평소 매일 걷기 운동할 때 노래를 흥얼거리는 습관은 마음을 젊고 건강하게 한다.

(5) 매일 가족과 스킨십하기

어린아이들만 스킨십으로 건강해지는 것이 아니다. 할머니도 할아버지도 적당한 스킨십이 있어야 정서적으로 안정이 되고 육체적으로도 활기찬 삶이 된다. 스킨십이 자연스러운 부부는 그렇지 않은 부부보다 최고 8년은 더 젊고 건강하다. 연애할 때처럼 자연스럽게 손잡고 안아 주는 생활 습관이 부부를 건강하게 한다.

2) 두 번째 목표: 행복한 마음으로 살아가기

두 번 살 수 없는 단 한 번뿐인 인생. 이루고 싶은 것이 많아 나의 꿈, 내 인생의 두 번째 목표를 한마디로 정의하기는 어렵지만, 행복이다. 뭘 하든 마음이 행복한 사람이 되는 거고, 그 행복을 주변의 사람들과 함께 나누고 싶다.

어릴 때 '행복'이란 것이 무엇인지에 대해 곰곰이 생각해 본 적이 있다. 필자는 여러 가지 생각이 들었다. 돈을 많이 벌면 행복할까? 사랑을 얻으면 행복할까? 타인으로부터 인정받으면 행복할까? 아니었다. 내가 내린 결론은 진정한 행복은 멀리 있지 않고 우리 마음속에서 언제든지 만들어 낼 수 있다는 것이다. 즉, 나에게 주어진 상황이 아무리 나빠 보여도 최대한 긍정적으로 생각하고 모든 것에 감사하는 마음만 가진다면 지금 당장 행복한 감정을 느낄 수 있다.

'남은 인생 아끼지 말고 다 쓰고 죽자.'는 의미의 '쓰죽회'가 최근 화두이다. 소규모 지인들과 좋아하는 것을 함께하고 공유하는 작은 동호회 성격이지만 여행뿐 아니라 봉사, 재능기부활동을 통해 남은 인생을 보내려는 나의 커뮤니티로 볼 수 있다. 필자는 남은 인생을 자식에게 의존하지 않고 모은 재산으로 당당하게 가치 있는 노후를 보내고 싶은 마음이 간절하다.

내 나이 남은 시간의 행복은 무엇인가? 일반적으로 삶의 가치를 이야기할 때 등장하는 단어는 행복이다. 어느 언론인이 "행복은 지금 저축하고 나중에 꺼내어 쓰는 것이 아니다."라고 했다. 아마 필자는 과거 직장일(JOB)을 하면서 행복을 미루어 두기도 했을 것이다. 하지만 이제는 미래를 위해 행복을 저축할 시간이 없을지 모른다. 그렇다. 얻을 줄 아는 삶보다 버릴 줄 아는 삶이 더 행복하다는 사실을 알면, 인생은 자유로워질 것이다.

행복해지고 싶지 않은 사람이 어디 있겠는가? 행복을 갈망하는 필자 역시 그러한 한 사람일지도 모른다. 그러나 인생은 그리 녹록하지 않다. 기쁨도 있지만 고통과 괴로움이 항시 상존한다. 어느 누가 이야기한 것처럼 고통도 삶의 소중한 한 부분이다. 그리고 고통에서 완전하게 해방된 삶을 꿈꾸지만 삶이 마감되지 아니하는 한 결코 고통에서 자유로워질 수 없다.

행복은 영속이 아니라 순간이라고 한다. 그리고 세계를 정복한 엄청난 즐거움도 2~3일밖에 가지 아니한다고 한다. 그래서 행복은 그 크기보다는 빈도수가 중요하다고 한다. 끊임없이 행복한 순간을 가지는 것이 행복을 즐기는 요령이라고 한다. 너무 행복을 억제하여 한꺼번에 누리려고 하지 말고 그 과정 과정에서 조그마하게나마 자주자주 느끼는 것이 요령이고 전략이라는 것이다.

내가 행복해야 나의 사랑하는 가족도 행복하다. 삶에 대한 좋은 태도는 행복한 삶을 만든다. 탁월한 인생. 가장 멋지고 행복하고 좋은 인생을 살겠다는 굳은 의지를 기반으로 지금부터 10년 인생의 계획을 세운다. 10년이 지난 지금도 나의 모습은 최고 행복한 마음으로 살아가는 사람의 모습이다. 어떠한 상황에서도 항상 감사하며 최선을 다하는 인생에서, 하고 싶은 일을 즐길 수 있는 그런 여유로운 행복한 마음으로 인생을 살아가기 위하여 소망하고 현재에 안주하지 않고 꾸준히 노력하자. 그러면 행복한 삶을 지속해서 누리고 살아갈 수 있을 것이다.

3) 세 번째 목표: 가 보고 싶은 곳 여행하기

10년 후의 나의 모습이 어떻게 될지는 누구도 알 수 없지만 그래도 정년퇴직하면 가족과 함께 좋아하는 여행을 할 것이다. 여행이 신기루처럼 느껴지는 코로나 시대에 이 책을 썼다. 가슴 뛰는 여행을 가는 건 어려워도 여행 준비는 언제든지 할 수 있기 때문에 올해 한 번도 여행을 가지 못해 우울한 기분이 든다면 필자의 여행 준비 기행문을 읽어 보시길 바란다. 떠나지 않는 일상에서도 충분히 여행의 기쁨을 느낄 수 있을 것이다.

그 어느 때보다 여행지를 신중히 고르고 골라 여행할 것이다. 이렇게 고심 끝에 찾아간 여행지는 마치 운명과 같은 곳일 것이다. 좀 더 거창하게 말하면 숙명처럼 느껴질 만큼 계획하고 준비할 것이다. 필자가 꼽은 10년 동안의 Best 여행지 다섯 곳. 한층 성숙해진 여행문화 위에서 결연한 마음으로 꼽은 숙명의 여행지를 소개한다.

(1) 제주도여행

2013년에 제주도를 가 보고 무척 그 매력에 푸-욱 빠졌다. 언제라도 첫 번째로 가 보고 싶은 곳이다. 3, 4월은 유채꽃 만발에 모두가 좋아하는 제주도라면 5월의 제주도는 지는 유채꽃 사이로 녹색 잎들이 피어나는 것들을 보며 자연의 신비로움을 느낄 수 있다. 그래서 누군가 봄에 제주도를 가고 싶다고 하면 나는 5월 제주여행을 추천하곤 한다. 꼭 가게 되면 제주여행에 가고 싶은 플레이스에 눈도장을 팡팡 찍으면서 언제라도 찾아볼 수 있게 정리해야겠다고 생각한다.

(2) 일본여행

필자는 1999년 일본 연수를 다녀온 뒤 일본을 가지 못했다. 두 번째 여행으로 가족과 함께 갈 곳이다. 연수에 갔던 도시 위주의 일본여행에서 벗어나 다양한 매력이 있는 일본 소도시 여행을 가 보고 싶다. 지역별로 지역색이 뚜렷하고 다양한 볼거리와 먹거리가 있는 일본! 그래서 가끔 궁금해진다. 일본인이 국내여행을 떠나는 곳은 어디일까? 그래서 일본인이 사랑한 일본여행지 규슈지방의 중심이 되는 후쿠오카. 전 세계 관광객들에게 큰 사랑을 받고 있는 말이 필요 없는 세계적인 도시 도쿄. 일본 최남단에 위치한 섬인 오키나와에서 교통의 중심이 되는 나하. 항구도시로 일찍부터 서양문물이 들어와 제2의 항구도시인 고베 등을 미리 소개해 본다.

(3) 중국여행

필자는 지금까지 일하느라, 먹고사느라 바쁘다는 핑계로 중국을 한 번도 가 보지 못했다. 내게 일은 보람이었지만, 분명 아쉬운 점이 있었다. 그래서인지 가 보고 싶은 마음을 미루어야 할 수밖에 없었던 것 같다. 세 번째로 가 보고 싶은 이웃 나라 중국이다. 가기 전 미리 가 볼 만한 곳 중국의 10대 명승지를 찾아보았다. 만리장성, 자금성, 계림산수,

서안의 병마용, 안휘의 황산, 장강삼협, 항주의 서호, 소주의 원림, 승덕의 피서산장, 대만의 일월담 등이다. 모든 사람이 중국여행 장소를 계획하는 데 도움이 되었으면 하는 바람이다.

(4) 태국여행

필자가 살아생전 한 번은 꼭 가야겠다 하던 곳이 바로 태국이다. 태국은 정말 여행을 떠나기에 매우 좋은 곳이다. 태국의 가장 큰 여행지라고 한다면 바로 방콕이겠지만 방콕만 태국의 여행지는 아니다. 태국은 배낭여행지의 성지이기도 하지만 신혼여행을 떠나기에도 매우 좋을 정도로 아름다운 곳들이 많이 있다. 코따오(Ko Tao), 코란타(Ko Lanta), 코사멧(Ko Samet), 코사무이(Ko Samui), 코팡안(Ko Pha Ngan), 코피피(Ko Phi Phi), 코창(Ko Chang), 푸켓(Phuket)에 가 볼 것을 추천한다. 천혜의 자연환경을 자랑하는 아름다운 섬들이 많기 때문에 이런 아름다운 섬으로 여행을 떠나는 것은 어떨까?

(5) 캄보디아여행

필자는 2019년 7월에 전 세계에서 가장 가난한 나라, 캄보디아를 다녀왔다. 우리나라 1960~70년도 수준에 불과한 나라이기 때문에 다섯 번째로 또 가 볼 만한 여행으로 선택하였다. 세계 7대 불가사의 중 하나인 앙코르와트가 있는 캄보디아 씨엠립에는 매년 400만 명에 육박하는 전 세계 관광객이 몰려온다. 그중 한국인이 가장 높은 비중을 차지한다. 캄보디아에 처음 방문하는 사람들은 세 번 놀란다. 유적지가 앙코르와트 하나만 있는 것이 아니라는 점, 앙코르 유적군을 관리하는 기관이 국가가 아니라 민간이라는 점, 그리고 캄보디아 국민 대다수가 처참할 정도로 가난하다는 사실 때문이다. 많은 사람이 일생에 한 번은 캄보디아에 꼭 가 보라고 추천하지만, 필자의 의견은 조금 다르다. 최소 두 번은 가 보길 바란다. 우리 인간의 잠재력이 얼마나 큰지, 그리고 자연에 비해 얼마나 연약한 존재인지 알 수 있는 곳이 바로 캄보디아 앙코르 유적지이다.

4) 네 번째 목표: 취미생활하기

'나는 취미도 없는 사람인가.' 싶어서 곰곰이 생각해 보니, 그건 아닌 것 같고 진짜 내 인생의 활력소, 캠핑카를 가지고 주말을 이용해서 낚시 다니는 것을 즐거운 취미생활로 본다. 일주일간의 스트레스도 풀 겸 가족과 함께 떠나는 주말 낚시는 항상 기대되는 원동력이 될 것이다.

5) 다섯 번째 목표: 200개 자격증 도전하기

이제는 누가 얼마만큼 배웠느냐가 중요한 것이 아니라 능력을 얼마만큼 인정받느냐가 중요시되는 시대이다. 후회 없이 노력하는 것만이 목표에 대한 도전의 성공으로 가는 지름길이라고 필자는 생각한다.

2021년 11월 현재, 152개의 자격증을 보유하고 있기에 노후 준비는 어느 정도 분야별 일(JOB)을 찾아 무언가 할 수 있을 거라 생각하지만 급속히 변화해 가는 시대 흐름은 또 다른 자격증을 준비하게 한다.

10년 프로젝트를 기획하다

 세월 따라 인생 따라 달려오다 보니 벌써 60대 초반의 신중년이 되었다. 좋은 일, 싫은 일, 수많은 것들에 대한 생각이 눈을 번쩍 뜨게 한다. 지금까지 살아오면서 나쁜 것들의 되새김을 겪지 않기 위하여 10년 후 나의 목표를 달성할 수 있는 인생 멘토를 찾아보았다. '우리 삶은 누구를 어떻게 만나느냐에 따라 달라질 수 있다.'는 것을 깨달았기 때문이다.

1) 1만 시간의 법칙, 10년의 법칙

 말콤 글래드웰의 『아웃라이어(OUTLIERS)』를 보면 '1만 시간의 법칙'이란 말이 나온다. 한 가지 일에 큰 성공을 이루기 위해서 1만 시간 동안의 학습과 경험을 통한 사전 준비 또는 훈련이 이루어져야 한다는 말이다. 1만 시간은 하루에 평균 약 3시간, 일주일에 20시간씩 한다면 10년이라는 기간이 걸린다고 하는데, 이는 스톡홀름대학의 앤더스 에릭슨(Anders Ericsson) 박사가 말한 '10년의 법칙'과도 일맥상통한다.

 6세에 작곡을 시작하여 신동이라 불리는 모차르트 또한 10년의 법칙에 벗어나지 않는다고 하였다. 즉, 어린 시절부터 작곡을 했던 모차르트의 경우는 처음부터 대단한 작품으로 평가받았던 것이 아니라, 그의 나이 21세 때 만들어진 '협주곡 9번'이 나와서야 비로소 진정한 걸작으로 평가받았다. 이는 약 10년의 세월이 흐른 시점에야 인류 음악사에 커다란 획을 긋는 위업을 달성한 것이다.

2) 조력자의 힘

먼저 영원한 우상인 비틀스로부터 노력을 배반하지 않는 열정을 배울 수 있었다. 1964년 어느 날, 혜성처럼 나타나 전 세계를 점령한 영국 리버풀 출신의 네 명의 더벅머리 청년들. 그저 평범한 고등학교 록 밴드에 불과했던 비틀스는 1960년 독일의 함부르크에 초대를 받았는데, 당시 함부르크에는 로큰롤 클럽이 없었기 때문에 비틀스는 풋내기에 불과했는데도 불과하고 하루에 여덟 시간씩이나 연주하였다. 리버풀에서 고작 한 시간 연주한 것에 비하면 엄청난 시간이었기 때문에 비틀스는 여러 가지 곡을 다양한 방법의 연주로 시도할 수 있었다. 더욱이 그들은 하루도 쉬지 않고 일주일에 7일을 꼬박 연주하였는데, 그 후 그들은 성공하기 시작한 1964년까지 모두 1,200시간을 공연하였다. 이런 끈질긴 노력의 결과 풋내기 비틀스는 어느새 누구도 따라올 수 없는 놀라운 밴드로 만들어진 것이다. 필자는 비틀스의 성공한 잠재력 느낌에 대해서 지금부터 시작할 것이다.

필자가 제일 좋아하는 아인슈타인은 20세기 초 창조성이 뛰어난 대표적 지식인이었던 미국의 이론 물리학자로 어린 시절 학교 성적은 별로 좋지 않았으나 수학에는 매우 뛰어났다. 1905년 베른 특허국 기사로 있으면서 특수 상대성 원리와 브라운 운동, 빛의 운동 연구 논문 발표로 유명해졌다. 이후 본격적인 물리학 연구에 전념하여 과학적 탐구와 철학적 탐구에 혁명을 일으켰으며, 1921년 노벨 물리학상을 받고, 세계적인 물리학자가 되었다. 유대인이라는 이유로 독일 나치스에 쫓겨 미국으로 망명하였으며, 세계 평화 운동에 참여하였다. 필자의 입장에서 너무나도 배울 것이 많은 인물이다.

피카소는 어려서부터 아버지가 화가였기 때문에 미술을 배울 수 있었다. 그는 미술학교에 다니며 뛰어난 데생 능력과 재능을 보였다. 하지만 고등학교 졸업 후 피카소는 이전의 사실주의 고전주의적인 화풍에서 벗어나 전혀 색다른 스타일을 창조해 내면서 유명해지기 시작했다. 처음에는 사람들이 그의 특이한 그림체에 반감을 느꼈지만, 점차 사람들로부터 인정을 받기 시작하고, 아버지까지 그를 인정하게 된다. 그에게서 필자가 본받을 점이라 한다면 '청출어람'이랄까. 아버지로부터 배운 미술을 그대로 받아들이지 않고 한층 더 성숙하고 획기적인 작품세계를 만듦으로써 가장 유명한 화가로 자리매김하였다. 항상 변화를 추구하고 세계에 안주하지 않고 저항하는 정신이야말로 가장 본받을 만한 진정한 예술가의 정신일 것이다.

필자가 생각하는 프로이트 이론의 가장 큰 의의는 자신이 모르는 마음의 세계가 있다는 것을 가르쳐 준 것이다. 이는 이전까지의 인간 행동의 이해를 바꾼 큰 업적이라 생각한다. 정신과 의사이며 과학을 연구하는 과학자이기도 하고 지식을 사랑한 철학자이기도 하며 사회 비평가이기도 한 프로이트는 '천재'라고 표현해도 아무런 손색이 없는 인물이다. 그가 살아온 과정에서의 값진 인생살이와 사상은 정말 필자가 나무나 본받을 만하다.

우리가 흔히 얘기하는 천재들인 비틀스, 모차르트, 아인슈타인, 피카소, 프로이트. 서로 전혀 다른 시대, 전혀 다른 곳에서 살았지만 우리에게 위대한 업적을 남긴 그들의 공통점은 최소 10년간의 집중적인 투자가 있었던 후에 비약적인 성장을 했다는 점이다. 그래서 동양에서는 이미 큰 그릇은 늦게 만들어진다는 의미의 '대기만성(大器晚成)'이란 말도 생긴 것 같다. 이처럼 위대한 조력자들의 울림 깊은 메시지를 정면으로 받아들여 '나도 할 수 있다.'고 한번 외쳐 보고 다짐을 한다. 해 보지도 않고 안 될 거라고 생각하는 부정적인 사고는 싫다. 필자의 인생은 결코 작은 돌멩이가 아니다. 꼭 이루어야 할 꿈이 있다면, 일생에 한 번쯤 모든 열정을 불태워야 할 일이 있다면, 타의 추종을 불허하는 성과를 내고 싶다면, 지금 당장 10년 프로젝트를 기획해야 한다.

3) 10년 후 인생 지금부터 시작

직장에서도 신입으로 입사하여 대리를 거쳐 경력이 10년이 지난 고참 과장쯤 되면, 촉망받는 인재로 인정받기 시작한다. 로마가 하루아침에 이루어진 것이 아닌 것처럼 성공도 인재도 하루아침에 이루어지는 것이 아니다. 10년간의 직장생활 동안, 하나에 안주하지 않고 다양한 경험과 노력을 해야지만 우리네 인생의 10년의 법칙이 적용된다.

어떤 업적을 10년 후에 평가한다고 하면 그 10년 세월 동안 비효율적이고 비경제적이고 비도덕적인 일이 많이 일어날 것이다. 즉, 건전한 의미의 긴장감과 최소한의 윤리의식이 사라질지도 모른다. 아무리 강력한 의지를 갖고 시작했다고 해도, 그 의지를 지속해서 견지하기에는 무리가 따르는 긴 세월이다. 그렇지만 단순히 10년을 채우기만 하면 되는 것이 아니라, 마치 연주자나 운동선수가 꾸준히 연습을 하듯이, 하루 세 시간은 업무를 하든 자기계발을 하든 자신의 발전과 미래의 목표를 위해 투자해야만 된다는 것이다.

그 과정에서 얼마나 많은 난관과 힘듦이 있겠는가? 일의 고난뿐만 아니라 상하좌우 다양한 사람들과의 소통과 인간관계적인 어려움도 많았을 것이다. 그것을 극복하며 성장한 사람만이 10년 후 진짜 나답게 사는 인생으로 바뀔 것이다.

필자는 업무적으로 힘듦보다는 인간관계나 비전 때문에 회사를 그만둔 적이 있었다. 상사와 안 맞아 직장을 그만둔 적도 있었고, CEO의 경영 철학이 싫어서 직장을 그만둔 적도 있었다. 필자는 이것도 어쩌면 내가 견디지 못하고 결국 회피한 것으로, 그 직장에서 실패했다고 생각한다.

하지만 세상의 모든 성공이 실패를 담보로 이루어진 것처럼, 실패에 대한 깨우침만 있다면 더 이상 실패라고 생각하지는 않는다. 실패가 주는 교훈이 걸림돌이 되고 좌절이 되어서는 미래의 목표를 달성할 수 없다. 실패란 현재완료형이 아니라 현재진행형이기 때문이다. 그래서 필자는 포기하지 않고 장소만 옮겨 또다시 꿈을 향해 시작할 수 있게 된 것이다. 장소와 환경은 바뀌었지만, 즉 세월이 흘러 나이가 먹었지만 꿈은 변하지 않았고, 그 꿈을 향한 필자의 끈질긴 10년 후의 나의 모습에 대한 도전은 진행형이다. 누구든지 어떠한 일을 꾸준히 10년만 하면 무언가 결과를 만들어 내거나 전문가가 될 수 있을 것이다. 지금부터 시작이다.

100세 시대를 준비해야 한다

과학과 의학의 발달로 인생 '100세 시대'가 더 이상 먼 미래의 이야기가 아니다. 수천 년 전 로마인의 평균수명은 25세였으나 현재 한국인의 평균수명은 83.3세로 매년 증가하고 있다.

100세 이상 노인은 몇 명일까? 2020년 8월 기준으로 우리나라 100세 이상 인구는 총 2만 1,411명이다. 전 세계가 아닌 대한민국 100세 이상 인구이다. 여성이 1만 6,208명, 남성이 5,203명이고 2020년 100세를 맞은 인구만 해도 1,762명이다. 이제 100세가 그다지 특별할 것도 없는 나이가 되어 버린 듯하다.

오래 사는 것이 TV나 신문 등 언론에서 쓸쓸히 살아가는 모습으로 소개되고 화제가 되며 『그림 형제』의 우화에 나오는 구경거리처럼 여겨져 안타깝게 생각되었다. 많은 장수노인들이 할 일도, 할 힘도 없을 뿐 아니라 생활고, 병고, 고독 등에 시달리며 사람을 그리워하며 사는 것이 결국 훗날 우리의 모습이겠지만 심리적으로는 이미 와 있는 우리의 모습처럼 여겨져 가슴이 찡해진다. 100세 시대를 맞아 혼자지만 외롭지 않은 삶을 위한 사회적 노력이 절실해지고 있다.

그뿐만 아니라 신체적 건강이 예전과 완연히 다르다. 건강과 평균수명이 늘어서 현실적 나이는 호적 나이에서 0.7을 곱해야 하기 때문이다. 지금의 100세는 예전 70세나 다름없다는 얘기다. 그렇기에 이제는 100세 장수 시대에서 100세 현역 시대를 준비해야 한다. 60세의 은퇴는 가혹한 일이다. 60세는 현실적 나이로 환산하면, 즉 0.7을 곱하면 42세다. 42세에 직장을 그만두는 꼴이다. 그렇기에 이제는 100세 현역 시대를 대비하는 인생의 설계가 필요한 시점이다.

사람이 생명을 이어 갈 수 있는 것은 하고자 하는 일의 희망이 있어서다. 꿈이 있어서다. 희망이 사라지면 살아갈 힘을 잃는다. 하루하루가 지겨워진다. 무료한 나날이다. 살아 있음이 축복이 아닌 고통일 수밖에 없다.

수명이 늘어남은 우리가 보내야 할 한가한 시간, 즉 여가가 많다는 얘기다. 60세에 은퇴를 해서 100세까지 산다고 가정했을 때 여가는 무려 16만 시간이 된다. 하루 24시간 중에서 생리적 필수시간, 즉 먹고 자고 배설하는 등의 시간과 의무적으로 꼭 해야 할 일을 하면서 보내는 시간을 제외한 나머지 시간이 여가다. 하루 여가를 24시간 중 11시간으로 계산해서다.

이 많은 시간을 어떻게 보낼지가 오늘을 사는 현대인들의 초미의 관심사다. 특히 나이 든 은퇴자들에겐 더욱 그렇다. 그 많은 시간을 여가로만 보내기에는 버거울 수밖에 없다. 그렇기에 필자도 마찬가지지만 이제는 100세 현역 시대를 대비하는 인생의 설계가 필요한 시점이다.

10년 후 나의 모습은 어디쯤?

1) 지금 나를 소개합니다

10년 후 오늘은 2031년 12월 31일이다.

(1) 나는 누구인가?

나는 올해 나이 70살이고, 모든 사람에게 존경받고 싶고, 나이에 걸맞지 않은 젊음을 간직하고 싶고, 하루하루 행복전도사로 누구보다 삶의 열정을 가지고 살아가고 있는 김정혁이다.

매사 규칙적인 인생 목표를 실천하면서 국내 대학 강단에서 '실천하는 삶 속에 나를 찾다.'라는 주제로 특강을 나가고 있다. 본인은 자격증 200개를 보유한 자격증 달인이다. 이외에 또 다른 타이틀은 대한민국산업현장교수, 우수숙련기술자, 기능한국인, 대한민국 명장, 대한민국 명인, 대한민국 신지식인, 전라북도 명장 등 크고 작은 명예 덕분에 국가를 위한 대한민국 우수 숙련기술인으로도 긍지와 자부심을 갖고 활발하게 대외활동을 하고 있다.

(2) 나는 지금 어디에 있는가?

국가 발전에 꾸준한 조력자 일과 명예로운 일을 하면서 보람을 행복으로 알고 사회봉사 기부활동에 열정을 아끼지 않고 있다. 특히 나와 같은 길을 가고자 하는 청소년들에게 멘토, 멘티의 역할을 톡톡히 하고 있다. 지금 이 자리에 있는 이 순간도 너무나 감격스럽고 흐뭇하다.

(3) 나는 지금 누구와 함께 어떻게 시간을 보내고 있는가?

국내는 물론 가 보고 싶은 세계여행을 통해 마음속에 느껴지는 여러 가지 생각을 항상 글로 기록하며, 하루하루 원대한 꿈과 남은 인생의 목표를 실천해 가며, 사랑하는 가족과 함께 목표를 향해 10년 동안 일(JOB)에 매진하며 보람되고 행복하게 인생을 즐기며 매일 보내고 있다.

(4) 나는 지난 10년간 매진해 온 것은 무엇이며, 그로 인해 얻은 성과물은 무엇인가?

가장 먼저 떠오르는 것이 건강이다. 매일 30분 이상 걷기 운동을 하루도 빼놓지 않고 비가 오나 눈이 오나 실천하였다. 나와의 약속을 통해 지금 아주 건강한 몸으로 청력도 좋고 자세도 꼿꼿하며 지치지 않는 체력으로 아픈 곳 없이 사회생활을 썩 잘하고 있다. 이러다 보니 주변에서 인정해 주고 가족들로부터 호강을 받고 살아가고 있다.

(5) 나의 '다음 10년 후'의 목표는 무엇인가?

2041년 8월 31일이다. 내 나이 80살, 목표는 '무엇으로 해야 되는가.' 하고 인생 목표를 적어 본다. 19세 소년도 80세 노인도 얼마든지 새로운 사업을 시작할 수 있다. 새로운 기술을 배울 수 있고, 세계여행을 다시 떠날 수도 있다. 필자는 가능하다고 본다. 그래서 그것을 하기에 가장 적당한 때는 지금이다.

그렇다, 그러기 위한 다음 10년 후 나의 또 다른 목표는 다음과 같다.

첫째, 건강 관리하기.

둘째, 독서하기.

셋째, 가족과 함께 행복하기.

넷째, 봉사활동하기.

다섯째, 자격증 200개 도전 성공 수기 책 출판하기.

다시 찾아올 10년 후 인생 목표는 10년 전 70살까지의 목표 전략과 별다를 것은 없지만 지속적으로 목표를 향해 달려갈 것이다. 그러기 위해선 끊임없는 나만의 시간 투자를 진행해야 할 것이다.

참고문헌

1. 『'행복'한 삶을 위한 12가지 좋은 습관』, 이서진, 지식과감성, 2021.
2. 『프랑크푸르트 일기』, 김승열, 한송온라인리걸센터, 2018.
3. 『내 인생 5년 후』, 하우석, 다온북스, 2015.
4. 『신중년 도전과 열정 2021』, 김영기 외 공저, 브레인플랫폼, 2021.
5. 『10년의 법칙』, 공병호, 21세기북스, 2006.

저자소개

김정혁 KIM JONG HYEOG

학력

· 국립군산대학교 산업대학원 기계공학 석사
· 국립군산대학교 일반대학원 기계공학 박사

경력

· 삼성중공업(주) 공정개선팀 대리
· 볼보그룹코리아(주) 국내기술영업 소장
· 군산중기 군산대리점 대표이사
· 군산종합직업학교 산업설비팀 부원장
· 대한상공회의소 전북인력개발원 교수
· 군장대학교 스마트기계자동차 신소재가공전공 교수
· 중소기업 공정품질 기술개발사업 서면평가위원
· 한국산업인력공단 자격시험문제 검토위원
· 고숙련일학습병행(P-TECH) 면접심사위원
· 한국산업인력공단 과정평가형자격 외부전문가
· 한국산업인력공단 기술사 출제위원
· 전북자동차기술원 기술닥터 전문가
· 한국산업인력공단 일학습병행제 산업현장전문가

· 전라북도 경제통상진흥원 평가위원

자격

· 기술지도사

· 경영지도사

· 기술평가사

· 사회복지사

· NCS 직업교육지도사

· 용접기능장

· 제강기능장

· 건설기계정비기능장

· 금속재료기능장

· NCS 활용 면접관

저서

· 『열정有 삶』, 고용노동부, 2015.(공저)

· 『용접종합기술』, 군장대학교, 2016.(공저)

· 『용접필기정복』, 군장대학교, 2017.(공저)

· 『열처리실기』, 군장대학교, 2019.

· 『열정有 삶』, 고용노동부, 2019.(공저)

· 『한 권으로 끝내는 실무』, 군장대학교, 2020.(공저)

· 『신중년 도전과 열정 2021』, 김영기 외, 브레인플랫폼, 2021.(공저)

· 『N잡러 시대, N잡러 무작정 따라하기』, 김영기 외, 브레인플랫폼, 2021.(공저)

· 『용접&열처리공학』, 한창출판사, 2021.(공저)

수상

· 한국교육기술대학교 총장 공로(1995)

· 스타훈련교사 고용노동부 장관 표창(2013)

· 대한민국스타훈련교사 선정(2013)

· 대한민국산업현장교수 위촉(2016)

· 직업능력개발 유공 국무총리 표창(2017)

· 군산시 군산시민의 장 교육장(2020)
· 제20회 2020 올해를 빛낸 인물 대상(2020)
· 제35회 대한민국신지식인(교육분야) 인증(2020)
· 2020 대한민국명인(금속분야) 인정(2020)
· 제26회 2021 코리아 파워 리더 대상(2021)
· 2021년 국가자격취득 수기 공모 금상수상(2021)
· 제1회 용접의 날 중소기업중앙회 회장상(2021)

제3장

애자일(Agile) 인생

• 곽호승 •

애자일 인생: 목표 수립과 달성에 대하여

1) 평생 청춘

나이를 먹는다는 것은 우리 인생에 어떠한 영향을 주는 것인가. 사람들은 스무 살의 나와 서른 살의 나 그리고 마흔 살의 내가 할 수 있는 일이 다르다고들 말한다. 물론, 신체적으로 나이가 먹어 감에 따라서 신체 능력 또한 저하되는 것은 자연의 섭리일 터, 세월의 무게를 거슬러야 한다는 것이 아니지만, 신체를 지배하는 두뇌 또한 늙어간다는 느낌을 받게 된다.

하지만 지금은 평균수명 84세인 시대이지 않은가. 좀 과장해 말한다면, 바야흐로 100세 시대가 열린 것이라고도 말할 수 있을 것이다. 과거에는 환갑까지 살았다는 것이 그야말로 동네 잔치거리였다. 지금과는 다른 시대에 만들어진 나이라는 틀에 얽매여서 살아야 하는 이유가 어디에 있겠는가. 오늘 우리는 과거의 사람들이 만든 굴레를 벗어던지는 연습을 해야 한다고 생각한다.

50대 현역, 60대 현역, 나아가서 70대와 80대에도 현역으로 살기 위하여 말이다. '파이어족'이라는 말이 유행하고 있다. '파이어족'이란 것은 경제적인 기반을 젊은 나이에 확보하여 은퇴 시기를 빠르게 앞당기는 것을 말한다. 평생 쓰고도 남을 정도로 부를 쌓은 사람이라면 '파이어족'이 되어서 조기에 은퇴해도 무방할 것이지만, 우리 주변의 대다수는 '파이어족'이 되어서 조기에 은퇴하기 어려운 사람들일 것이다. 우리는 '파이어족'이 되지 못하는 상황에서도 평균수명인 84세까지 살아야만 한다. 앞으로 몇 년을 더 살 수 있을지 알 수 없는 지금. 바로 지금이 앞으로 남은 본인 인생을 위하여 다시 시작해야 할 시점이다. 바로 지금, 지금 이 순간이 당신이 앞으로 살아가야 할 인생에서 가장 젊은 날인 것이다. 신중년 이후의 내 인생을 위하여 무언가 새로운 목표를 세우고 실천하는 힘을 기르는 것은 어떠할까 생각해 본다.

> "나이가 들었다는 것은 경험이 축적되었다는 것이지 새로운 정보를 더 많이 안다는 뜻은 결코 아닙니다. 결국 나이가 들어가도 새로운 것에 귀를 열 줄 알아야 합니다. 이미 알 만큼 안다고 생각한다면 그것은 사회적으로 늙어 간다는 뜻이기도 합니다. 새로운 것을 꼭 알아야 할 필요도 없지만, 그렇다고 배척할 이유는 없습니다."
>
> 『오늘은 내 인생의 가장 젊은 날입니다』,
> 『편지 40: 알 만큼 안다고 생각한다면 이젠 늙은 것입니다』 중에서

BHAG 방식

1) BHAG 방식으로 10년 후의 당당한 신중년 목표를 세우기

경영학자 짐 콜린스는 그의 저서 『Good to Great: 좋은 기업을 넘어 위대한 기업으로』에서 18개의 위대한 기업들을 분석한 결과, 명확한

비전과 핵심 가치를 지닌 기업이었다고 정의했다. 위대한 기업들은 조직의 명확한 목표를 목표 설정하고, 조직 구성원들에게 목표를 공유함으로써 동기부여를 불러오는 효과를 경험했다. 이러한 목표는 이른바 BHAG 방식으로 정의되었는데, BHAG라는 것은 Big(크고), Hairy(위험하고), Audacious(대담한) Goal(목표)를 말한다. 즉, 짐 콜린스는 목표를 설정할 때에는 크고, 위험하며, 대담하게 목표를 설정해야 함을 강조하였다.

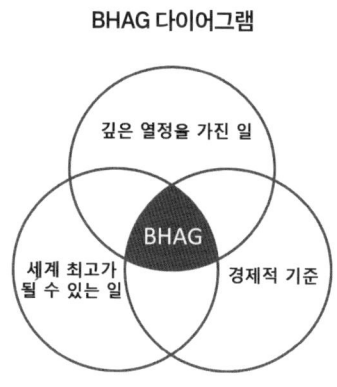

BHAG 다이어그램

BHAG는 기본적으로 3가지 요소의 교집합 부분을 나타내는데, 첫 번째는 깊은 열정을 가진 일인가, 두 번째는 세계 최고가 될 수 있는 일인가, 마지막 세 번째는 경제적인 일인가로 3요소의 교집합 부분이다.

경험적으로 생각해 보면 목표를 평범하게 설정하는 경우에는 그 결과 또한 평범하게 나타나는 것이 대부분이다. 반면에 목표에 대하여 면밀히 검토하고 실행하는 경우에는 그 결과물이 훌륭한 것을 경험적으로 알고 있을 것이다. 기업 측면에서 BHAG한 목표, 즉 크고, 위험하고, 대담한 목표를 세운 기업들은 놀라울 만큼 커다란 성과를 가져온 사례가 많이 있다. 대표적인 사례를 살펴본다면 다음과 같다.

존 F. 케네디는 "1960년대 이내에 달에 사람을 보내겠다."는 BHAG한 국가 목표를 세웠고, 헨리 포드는 "모든 가정에 자동차를 보급하겠다."는 BHAG한 기업 목표를 세웠으며, 원대하고 담대한 목표는 모두 달성되었다. 앞선 사례를 통하여 '크고 위험하고 대담한 목표' 설정이 국가 또는 기업 차원에서 발휘하는 효과를 확인할 수 있었다.

필자는 본서를 통하여 국가나 기업 차원의 목표 설정과 달성을 넘어서 개인 차원에서도 목표를 세우고 달성하는 과정을 이야기해 보고자 한다. 특히 인생 후반기에 서 있는 신중년들의 인생에 새로운 시작을 생각해 볼 수 있는 계기를 제공해 보고자 한다.

대개 기업에서 효과적으로 적용되는 경영기법은 개인의 인생에도 접목하여 훌륭하게 활용하기 좋은 경우가 많은데, 위에서 이야기한 BHAG 개념 또한 개인에게 접목하였을 시에도 훌륭한 자기계발 목표 설정의 기준으로 사용될 수 있다. BHAG를 구성하는 3요소를 일반 개인에게 적용해 본다면, 아래와 같이 3요소를 연결하여 생각해 볼 수 있다.

BHAG를 구성하는 3요소

기업	개인
깊은 열정을 가진 일	흥미를 가진 일
세계 최고가 될 수 있는 일	개개인이 잘할 수 있는 일
경제적 기준	경제적으로 도움되는 일

즉, 일반 개인에게 있어서의 'BHAG, 크고 위험하며 대담한 목표'는 개인이 흥미를 갖고 있는 분야의 일이면서, 재능을 가지고 있고, 그 일을 통하여 경제적 수익을 기대할 수 있는 일을 목표로 설정하면 좋을 것이다.

신중년으로서 10여 년 후에 가질 수 있는 BHAG 목표를 생각해 본다면 어떠한 것이 있을 수 있을 것인가? 그것은 개인이 처한 상황에 따라서 다양한 사례로 나타날 수 있겠지만, 아래와 같은 사례를 들 수 있을 것이다.

'퇴직 이후에는 제조업 품질분야 전문 컨설턴트가 되어서 중소기업을 돕는 일을 하겠다.', '빅데이터 구축사업으로 IT분야 일인자가 되겠다.' 등.

신중년의 특성상, BHAG 목표는 대체로 퇴직 이후에도 흔들림 없이 본인의 역량을 바탕으로 일정한 수입을 창출하는 방향으로 목표를 수립하는 것이 관심사이지 않을까 싶다. 다음으로는 신중년의 BHAG 목표 설정으로 가는 데에 꼭 필요한 수단, 즉 어떤 무기를 가져야 하는지를 이야기해 보도록 한다.

2) BHAG를 실현할 수 있는 무기를 만들기

본서를 읽고 계시는 여러분께서는 마음속으로 어떤 BHAG 목표를 설정하셨을 것이다. 그러면, 목표로 설정하신 것을 무엇을 통하여 어떻게 실현할 것인지를 생각해야 한다.

 필자는 BHAG를 실현할 수단으로 개인만의 '기술'을 가져야 한다고 생각한다. '기술'을 가져야 한다면 대학에서 공학을 전공해야 한다고 반문하는 사람들도 있을 수 있겠다. 필자가 이야기하는 '기술'은 공학기술에 국한된 것이 아니다. 직장인으로서 현재 위치에서의 독보적인 업무 처리능력을 인정받고, 앞으로의 인생길에서도 지속적으로 수입을 가져올 수 있는 수단이 필요하다는 것이다.

 인생을 잘 살아가기 위한 '기술'의 정의를 설명한다면 아래와 같이 '자산'의 정의에 빗대어서 설명하고자 하며, 본 설명은 필자 개인적인 견해임을 고려해서 이해해 주시기를 바란다.

자산의 정의	기술의 정의
과거 사건의 결과	지나온 경험들의 결과
현재 통제가 가능	현재 회사에서 원숙하게 활용 가능
미래의 경제적 효익을 증대시키는 자원	퇴직한 이후에도 생활에 부족함이 없도록 소득을 발생시킬 수 있는 역량

 즉, 인생기술이란 것은 개인의 경험과 지식을 바탕으로 소득을 발생시킬 수 있는 역량이라고 말하고 싶다.

 인생기술을 확보하기 위해서 신중년 직장인은 어떠한 기술을 갖추어야 할까? 필자는 각자 본인의 분야에서 인정받는 최상위 전문자격증을 갖추라고 권하고 싶다. 더 나아가서 여력이 된다면 본인 분야에서의 박사 학위까지 갖춘다면 두말할 나위가 없다. 두 가지 모두, 해당 분야의 전문가로 인정받기 좋기 때문이다.

전문자격증이라 함은 인문계 8대 전문자격증이라든가, 이공계 기술사 등의 전문자격증을 말하는데, 꼭 이러한 전문자격증으로 국한되는 것은 아니다. 신중년 직장인 여러분은 대개 직장생활이나 사회적인 경험을 바탕으로 남들보다 잘할 수 있거나, 정보를 많이 보유하고 있는 분야가 있을 것인데, 바로 그 분야에서 가장 상위권 스펙을 갖추는 것을 인생의 무기로 정의하고 준비를 해 보는 것을 추천하고 싶다.

가령 독자께서 제조업의 경영혁신, 기술개선, 품질관리 등의 분야에 종사하고 있다면, 해당 분야의 끝판왕 스펙이라고 할 수 있는 품질관리기술사(또는 공장관리기술사) 자격증과 산업공학박사 학위를 인생의 무기로 정해 볼 수 있을 것이다. 혹자는 지금 현재 기사 자격증은커녕 기능사 자격증도 없고, 학위도 대학 졸업장은 언감생심이고 고등학교 졸업장밖에 없는 신중년도 있을 수 있기에, 개개인의 현실을 고려하지 않고 너무 높은 목표를 설정하는 것이 아니냐는 반문이 있을 수 있겠다.

물론 현재의 독자께서는 생각하고 있는 끝판왕 스펙을 단숨에 얻기는 어려움이 많을 것이다. 그럼에도 끝판왕 스펙을 목표로 설정하라고 권하는 것은, 대부분 분야의 생태가 최상위 스펙을 갖추지 못하면 명함조차 내밀기 어려운 경우가 많기 때문이다. 현재 조금이라도 여유가 있다면 지금부터 끝판왕 스펙을 목표로 설정하고 그것을 준비하는 과정을 통하여 본인의 현 상황을 냉정하게 진단하고, 계획을 수정하며 인생 강건화 방향을 잡아 갈 수 있기 때문이다. 다음으로는 신중년으로서 준비해 두어야 할 계획을 수립하는 것에 대하여 이야기하고자 한다.

3) 허세 없이 BHAG 목표를 구체화하기

짐 콜린스는 좋은 BHAG와 나쁜 BHAG의 차이에 대하여 아래와 같이 정의하였다.

> 나쁜 BHAG들은 허세의 바탕 위에 설정된다. 좋은 BHAG들은 이해를 바탕으로 설정된다. 사실, 세 원에 대한 차분한 이해와 BHAG의 대담무쌍함을 결합시키면, 마술에 가까울 만큼 놀라운 혼합물이 얻어진다.
>
> 「Good to Great: 좋은 기업을 넘어 위대한 기업으로」 중에서

나쁜 BHAG의 사례를 든다면, 호주에서 뉴질랜드까지 헤엄치는 것을 BHAG로 설정하는 것을 들 수 있는데, 대부분 사람들은 헤엄치다가 바다에 빠져 죽게 될 가능성이 크다. 허세가 사람을 잡을 수도 있는 것이다. 따라서 BHAG를 설정할 때에는 허세가 섞인 목표는 지양하는 것이 바람직하다.

필자는 본서를 통하여, BHAG 목표를 달성하기 위한 목표를 잡을 때에 허세 없이 목표를 구체화하는 방법을 제시해 보고자 한다. 일명, 4블록 다이어그램을 통하여 욕심을 다이어트하는 방법이다.

욕심 다이어트와 목표 실현

1) 욕심을 다이어트 하기(4블록 다이어그램을 통하여)

신중년 본인의 분야에서 인생의 무기로 속하는 자격증과 학위 취득의 목표를 세웠다면, 목표로 달려가는 도중에 생각해 볼 수 있는 여러 부가적인 활동들도 염두에 두고 경주해야 한다.

어떤 사람들은 본인의 목표를 달성하기 위한 중간과정에 어학 공부를 통하여 어학 점수를 추가한다든가, 유사한 자격증들을 컬렉션처럼 모아두는 목표를 세우기도 한다. 특히 유사한 자격증들을 여러 개 취득하는 분들도 가끔 볼 수가 있는데, 기본적으로 유사한 분야의 자격증은 한 가지만 취득하는 것을 목표로 설정하도록 한다. 여러 분야로 힘을 분산시키면 궁극적인 목표 자격증 취득에 시간이 오래 걸릴 수도 있고, 결과적으로 또 다른 것을 할 수 있는 여력을 갖기 어렵게 되기 때문이다.

필자의 경우에는 취득하고 싶은 자격증도 많았고, 갖고 싶은 학위도 많았다. 예를 들면, 부동산 시장이 유망하니 공인중개사도 취득하고 싶고, 세금 관련 업무가 노후에도 쓰기 좋아 보여서 세무사도 관심을 두는 한편, 직장생활 병행이 가능하다면 변리사 시험에도 관심을 가졌을 것이다. 그러나 필자도 인간이기에 그 모든 것을 할 수는 없었다. 전략적인 선택의 과정을 통하여, 자잘하게 필자의 내면에 있는 욕심을 다이어트하게 되었다. 욕심 다이어트는 인생에 있어서 생각해 볼 수 있는 수많은 선택지를 전략적으로 선택할 수 있는 간단한 표로서 필자가 고안한 방법이다. 간단한 접근이지만, 생각을 정리하는 데 도움을 줄 수 있을 것으로 생각한다.

욕심 다이어트(4블록 다이어그램)는 독자들이 살아오면서 생각해 볼 수 있는 모든 자격증, 학위 및 기타 여러 가지를 4블록 다이어그램에 도식화를 통하여 정리하는 기법이다. X축에는 시간적인 시급도를 척도로 놓고, Y축에는 현재 담당하고 있는 업무분야에서 전문적인 기술이 지속적으로 이익을 창출할 수 있는 가능성에 대한 척도를 놓는다.

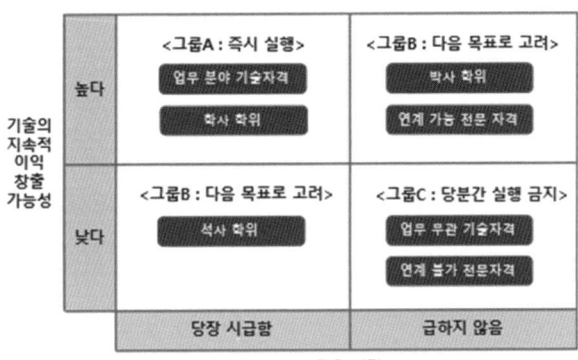

욕심 다이어트 표: 기본 템플릿

위의 그림에서 그룹A에 속하는 종목의 자격증과 학위가 각자 본인에게 현재 시점에서 도움되는 자격증과 학위라고 할 수 있다. 그룹B에 포지셔닝된 것들은 다음 단계의 목표로 설정하여 도전하면 좋을 것이다. 그룹C에 포지셔닝된 것들은 본인과 관련성이 크지 않은 분야이거나, 도전하더라도 가장 후 순위로 고려하면 좋을 것으로 가이드하고 싶다.

욕심 다이어트는 1회 작성해 보는 것으로 그쳐서는 안 된다. 시간이 흐름에 따라서 주기적으로 업데이트과정을 거치다 보면 과거의 내가 원했던 것과 현재의 내가 바라보고 있는 것들에 대한 차이가 보일 것이며, 그때마다 본인의 욕심 다이어트 결과를 통하여 전략을 수정하면 된다. 본서에서 설명한 욕심 다이어트 표는 하나의 예시로써 제시하는 것이니, 각자 본인의 상황에 맞도록 표를 수정하여 본인의 욕심을 다이어트하는 과정을 통하여, BHAG 목표에 대한 허세를 제거하는 방법을 간단하게 제시해 보았다. 독자 여러분에게 참고가 되었으면 한다.

2) 목표를 실현하기

신중년을 맞이한 여러분은 20대, 30대 청년들과는 다른 부분이 있다. 그것은 무언가에 실패했을 때에 회복할 수 있는 시간이 젊은 나이에 비해서 부족하다는 점이다. 가급적 실패를 줄이는 목표 실행안으로 어떤 것이 있을 수 있을까? 필자는 IT기술 개발 방법론 중의 하나인 '애자일(Agile) 개발 방법론'을 개인의 삶에 적용한다면 도움이 될 것이라고 생각한다.

최근 많은 기업에서 애자일 개발 방법론을 도입하여 IT기술을 개발하는 경우가 보인다. 많이 보이는 정도가 아니라, 유행처럼 애자일 경영이 번지고 있다는 느낌이 강하다. 그런데 애자일이라는 용어를 처음 접하는 사람들은 용어가 너무 어렵고, 무엇을 의미하는지 모르는 경우가 대부분일 것이다. 그도 그럴 것이, 애자일이라는 용어는 IT업계에서 소프트웨어를 개발하는 집단에서만 사용되던 전문용어이기 때문이다.

'Agile'은 보통 '기민한' 또는 '민첩한' 정도의 뜻을 가진 단어이다. 기존의 전통적인 소프트웨어 개발 방법은 활동계획을 치밀하게 세우고, 계획에 따라서 소프트웨어를 개발하는 방식으로 진행되어 왔다. 활동계획이 치밀하면 치밀할수록 여러 요인으로 인한 변동을 줄일 수 있을 것이라는 믿음 때문이었다. 그러나 현실적으로 계획이 아무리 치밀하더라도 주변 환경의 변동성에 의하여 일이 계획대로 진행되지 못하는 경우를 많이 볼 수 있었다.

대표적으로 워터폴(Water Fall) 방식이 있는데, 워터폴 방식은 폭포수가 높이 차이에 따라서 물이 한 방향으로 흐르는 것처럼, IT 개발 업무도 계획된 순서대로 흐름을 유지하는 개발 방법론을 말한다. 순차적으로 흘러가는 구조이기 때문에, 주변에서 발생하는 리스크나 변화 등에 능동적으로 대응하기에는 다소 어려운 점들이 존재한다.

반면 '애자일' 방법론은 개발활동에는 항상 리스크와 변화가 발생할 수밖에 없는 것을 처음부터 인정하고, '불확실성이 큰 프로젝트를 어떻게 성공할 수 있을 것인가.'에 집중하는 방법론이며, 학습과 협력이라는 키워드를 통하여 진행되고 있다.

먼저 '학습'이라는 키워드를 살펴보면, 불확실성이 큰 프로젝트를 진행함에 있어서, 지속적으로 현재의 상황을 확인하고 피드백을 통한 학습으로 불확실성을 제거해 나갈 수 있다고 생각하는 것이다. 또한, '협력'이라는 키워드는 '학습'을 통하여 현재의 프로젝트가 좋지 않은 상황으로 판단될 때에, 원인이 되는 발생조건이 'OR'조건으로 연결되어 있을 때보다 실패 확률이 높아질 수 있다. 애자일은 문제 상황을 구성원들과의 협력을 통하여 'OR'조건에서 'AND'조건으로 만듦으로써, 결과적으로 프로젝트의 실패 가능성을 낮출 수 있게 된다.

언뜻 보기에는 '애자일(Agile)' 개념이 새로운 것인 것처럼 느껴질 수도 있지만, 사실은 새로운 것은 아니라고 볼 수 있다. 쉽고 간단하게 생각한다면 현대그룹의 고 정주영 회장님의 어록을 생각하면 쉽게 이해할 수 있다. "이봐, 해 보기는 했어?" 바로 이 명언 말이다. 고 정주영 회장은 한국전쟁으로 잿더미가 된 한국땅에서 건설업을 일구었고, 자동차산업을 일으켰으며, 조선산업을 일구었다.

고 정주영 회장께서 이루어 낸 수많은 업적은 모두 BHAG 목표 설정을 통하여 시작되었을 것이고, 목표의 실현은 우직하게 밀고 나아가는 도전정신에서 비롯되었다는 것이 정론이다. 크고 위험하고 대담한 목표를 우직하게 밀고 나아가는 과정에서 발생하는 수많은 어려운 상황에 대한 학습과 실패하지 않기 위한 협력을 통하여 구체적인 성과로 이루어질 수 있다고 생각한다.

맺음말

40대 후반에서 50대에 이르는 신중년들은 향후 10년, 15년에 대한 걱정이 많은 세대일 수밖에 없다. 직장은 평생 고용을 보장해 주지 않고,

언젠가는 신중년이 몸담고 있는 조직을 떠나서 홀로 독립해야 하기 때문이다.

조직에 몸담고 있는 동안에는 조직이 제공해 주는 시스템 안에서, 여러분의 사회적 위치가 자리매김되어 왔고, 조직이 허락해 주는 힘을 통하여 해 왔던 많은 일이 개개인의 능력인 것으로 착각하는 경우가 많이 있다. 안타깝게도 현실에서는 조직의 그늘을 벗어나게 되면, 무능력한 개인만이 남게 된다. 본인이 조직의 힘에 기대지 않고 할 수 있는 일, 그것이 바로 현재 본인의 능력임을 인정해야만 하는 것이다.

본인이 굴지의 대기업에 다니고 있다면, 대기업에서 해고된 본인의 모습을 상상해 보라. 본인이 현재, 고위직 공무원생활을 하고 있다면, 공무원 사회를 떠난 본인의 모습을 생각해 보라. 무기력한 미래를 만들지 않기 위해서는 무언가 본인만의 BHAG와 실행 방안을 가지고 있어야 하는 것이다.

필자는 본서를 통하여 크고 위험하며 대담한 목표(BHAG)를 설정하고, 허세가 없이 목표를 구체화하며(욕심을 다이어트 하기), 애자일 방식(학습과 협력)을 통하여 목표를 실현하는 것에 대하여 간략하게 설명하였다. 본서를 읽는 신중년 여러분의 새로운 목표 설정과 실행에 도움이 되기를 바라며, 글을 맺고자 한다.

참고문헌

1. 『좋은 기업을 넘어 위대한 기업으로(Good to Great)』, 짐 콜린스, 김영사, 2021.
2. 『오늘은 내 인생의 가장 젊은 날입니다』, 이근후, 샘터, 2014.
3. 『함께 자라기: 애자일로 가는 길』, 김창준, 인사이트, 2018.
4. 『신중년 도전과 열정 2021』, 김영기, 곽호승 외 공저, 브레인플랫폼, 2021.
5. 『혼자 하는 공부의 정석』, 한재우, 위즈덤하우스, 2021.

저자소개

곽호승 KWAK HO SEUNG

학력
· 산업공학 학사
· 경영학 석사과정

경력
· 자동차산업과 전자산업의 기술연구소에서 연구개발 기획과 개발품질 혁신업무 18년간 수행

자격
· 품질관리기술사
· 산업공학 국제기술사
· DFSS Master Black Belt
· Automotive Functional Safety Professional
· 일본어능력시험(JLPT) 1급

저서
· 『안전기술과 미래경영』, 브레인플랫폼, 2021.
· 『신중년 도전과 열정』, 브레인플랫폼, 2021.

— 제4장 —

AI 시대 성공적인 신중년 100세 스펙 액션 구현을 위한 플랜 추진 전략

· 이승관 ·

AI 시대의 성공적인 인생로드맵 개요

AI(Artificial Intelligence) 시대의 IT 기반의 성공적인 인생로드맵을 구현하기 위해서는 생애주기 전 과정을 이른바 3 : 3 : 3 단계로 구분하여, 각 단계별로 체계적인 학습과 경력관리를 기반으로 미래 환경에 선제적으로 환경분석과 함께 대응 방안을 마련하여 성공적인 인생로드맵을 실현하는 것이 필요하다.

베스트셀러 작가이자 세계적으로 존경받는 작가인 스펜서 존슨(Spencer Johnson)은 "낯익은 환경이 주는 안락에 취해 다가오는 변화를 외면하고 알 수 없는 미래에 대한 두려움으로 '현재의 나'를 그냥 간직한다면 얻어지는 것은 아무것도 없다. 모든 안락에는 대가가 따르기 마련이다. 지금 필요한 것은 행동뿐이다."라고 하였다. 행동 없는 인생로드맵은 주마간산 격으로 체득하거나 자신의 자기효능감과는 무관한 인생로드맵이 될 수 있다.

젊음의 기준을 주로 외모로만 평가하는 한국 밖으로 시선을 돌리면 사실 이런 시대가 더 잘 읽힌다. 이전에 비해 훨씬 더 젊은 외모를 유지해서가 아니라 나이를 장벽으로 생각하지 않고 젊은 사람들과 섞여 하고 싶은 일을 의욕적으로 하는 노년층이 적지 않기 때문이다. 패션 브랜드 아이그너의 이번 시즌 모델이 된 95세의 아이리스 아펠이 대표적이다.

아펠은 트루먼에서부터 케네디, 레이건을 거쳐 클린턴에 이르기까지 9명의 미국 대통령을 위해 백악관 인테리어 작업을 했던 미국의 전설적인 스타일 아이콘이다. 만약 한국이었다면 나이가 나이인 만큼 '전설'이라는 타이틀에 만족하며 가끔 훈수나 두며 살지 않았을까. 하지만 그는 90세가 넘은 지금 젊은 시절보다 훨씬 더 활발하게 활동한다. 유력 패션지 커버를 장식하고, 베스트 드레서로 꼽히고(가디언), 패션 브랜드 모델로 수차례 발탁되면서 말이다.

최근엔 본인 얼굴을 딴 스마트폰용 이모지(이모티콘 비슷한 그림 문자)까지 내놓았다. 유독 젊은 이미지에 목숨을 거는 패션업계가 95세 아펠에게 이처럼 끊임없이 구애를 보내는 이유는 그가 젊은 외모를 유지하고 있기 때문이 아니다. 오히려 아펠의 상품가치는 젊음에 집착하지도, 그렇다고 젊음에 시비 걸지도 않는 태도에 있다. 나이에 걸맞은 주름과 백발을 당당하게 드러내면서도 자신보다 덜 산 사람들을 결코 가르치려 들지 않는 그 태도 말이다.

아펠은 스타일 조언을 해 달라고 하면 늘 "옷을 잘 입는 것보다 행복한 삶을 사는 게 더 중요하다."며 연륜이 묻어 나는 얘기를 해 준다. 나이에 짓눌려 스스로를 억누르거나 나이를 내세워 다른 이 위에 군림하는 대신 그저 내가 하고 싶은 일을 열심히 하며 세상과 소통하려는 자세, 그게 95세 아펠을 여전한 현역으로 만드는 이유 아닐까.

N잡러는 2개 이상 복수를 뜻하는 'N'과 직업을 뜻하는 'job', 사람을 뜻하는 '~러(er)'가 합쳐진 신조어로 '여러 직업을 가진 사람'이란 뜻이

다. 본업 외에도 여러 부업과 취미활동을 즐기며 시대 변화에 언제든 대응할 수 있도록 전업(轉業)이나 겸업(兼業)을 하는 이들을 말한다. 평생직장이라는 개념이 희미해지고 있다. 최근 본업 외 다양한 활동을 통해 월수입을 늘리는 'N잡러'에 대한 관심도가 높아지고 있는 것이다.

N잡러가 필요한 사회적 배경에는 근로의식의 변화, 근로행태의 변화, 근로 환경의 변화에 기인한다. 4차 산업혁명 시대가 도래하면서, 기술이 고도화되고, 일·가정 양립의 문제와 현재 약 750만 명에 이르는 중고령화 문제, 명예퇴직, 휴직, 전직, 퇴직 증가와 삶의 전반적인 변화 등이 대두하였다.

이에 퇴직, 전직자 지원 서비스를 지원하는 중고령자 고용촉진법이 2020년 5월 30일 시행되고 있는 등 중고령화의 급속 진행으로 N잡러의 필요성이 그 어느 때보다 중요하게 되었다. 근로자의 근로기준법상 정의를 넘어서 최근에는 근로자는 일하는 모든 사람으로 볼 수 있다. 그렇다면 만약 뜻대로 일이 풀리지 않더라도 낙담하지 않고 발판으로 삼아 성공을 향해 다시 도전할 수 있을 것이다.

인생은 세 단계로 구성된다. 첫 단계인 20~30대는 교육을 받았고, 60대까지는 일했으며, 60대 은퇴 후는 남은 생애를 즐긴다. 그러나 100세 시대에 접어들면서 65세의 나이에 도달하여도 신중년에서의 경력 활용이 안 되면 보람 있는 삶을 추구하기 어려워지기 때문에 가능한 한 오랫동안 건강을 유지하고 더 활동을 해야 한다.

이러한 삶의 방식을 실현하기 위한 새로운 모델은 'Multi-Stage(다단계)'의 삶이다. 내 집, 현금, 금융 상품과 같은 유형 자산도 생활에 중요하지만 다단계생활을 이끌기 위해서는 다음과 같은 세 가지 무형 자산이 특히 중요하다. 첫째는 생산성 자산으로 주로 작업에 유용한 지식과 기술이며, 둘째는 활력 자산으로 건강과 좋은 가족과 우정, 셋째는 변형 자산으로 변화에 대응하여 자신을 바꿀 수 있는 능력을 말한다.

유형이든 무형이든 자산을 정기적으로 유지·관리하지 않으면 가치가 낮아질 수 있다. 무형 자산의 수를 늘리기 위해서는 유형 자산 증가에 편향되는 경향이 있는 시간 사용을 검토할 필요가 있다. 인생의 1~2단계에서 활동하는 모든 근로자를 위한 유연성은 실제로 가능하다. 관리자들이 팬데믹 기간 동안 배웠듯이 회사는 시간당 근무 일정을 유연하고 더 짧은 교대로 조정할 수 있으며 마지막 순간에 불이익 없이 유급 휴가를 제공할 수 있다.

사실, 그러한 편의는 위기 동안 필수 근로자를 지원하는 데 필요했다. 코로나19 이전에도 정기적으로 고도로 직무교환 프로그램을 계획하여 작업을 순환하고 팀을 교대하고 동료가 도움이 필요한 곳이면 어디든지 채울 수 있는 기업과 단체 등 근로현장의 직무 변화 환경사례는 많이 나오고 있었다. 덕분에 직원들이 근무 공백 없이도 아이들을 돌보거나 다른 개인적인 필요를 돌봐야 하는 팬데믹 기간 동안 팀이 잘 기능할 수 있었다.

맥도날드는 최근 대부분 시간제 근로자를 유치하기 위해 유급 휴가와 긴급 보육 프로그램을 추가했다. 또 다른 예는 바쁜 대도시 경찰서가 있다. 감독자를 포함한 경찰관은 미리 정해진 단축 근무 주를 사용하여 더 예측 가능한 일정을 만들고 복구 시간을 허용할 수 있다. 기업, 행정기관 등 모든 조직에서 근무 환경이 유연근무제로 전환되고 있어 AI, IT 환경의 플랫폼 활용을 통한 근로자의 직무수행 환경 변화가 가속화되고 있어 중장기적인 관점에서 인생 로드맵을 운영해야 할 것이다.

지속가능한 3:3:3 단계별 인생 로드맵 스펙 요건

경력이란 개인이 평생 직업생활을 영위하면서 경험하는 직무와 관련된 다양한 변화를 말한다. 회사 다닐 때 경험하지 않으면 후회하는 3가지가 있다. 회사에 오래 다니기만 했다고 해서 경력이 자동으로 쌓이는 것은 아니다. 같은 시간도 시간을 보내는 방법에 따라 역량 차이는 생길 수밖에 없다. 퇴사 욕구가 샘솟는 사람도 아래 3가지를 경험하지 않았다면 시간이 지나 아쉬움이 남지 않도록 하는 것이 중요하다. 회사 다닐 때 경험하지 않으면 후회하는 3가지에 관해 지금부터 이야기해 보려고 한다.

첫째는 자신의 강점을 발견하기이다.
자신의 강점에 대해 잘 모르는 사람이 정말 많다. 게다가 자신의 장점을 엉뚱하게 잘못 알고 있는 사람도 있다. 그런 의미에서 고객과 회사

동료를 통해 나도 몰랐던 내 강점을 발견할 수 있는 좋은 울타리가 회사라는 조직이 아닐까 싶다. 어서 빨리 퇴사해서 자신만의 일을 하고 싶다고 생각하는 사람이 많겠지만, 자신의 강점과 약점을 모르는 상태로 나간다면 회사 밖은 예상과 다를 수도 있다.

둘째는 실수를 통해 빠르게 수정하는 방법 알기이다.

혼자 사업을 한다면 실수는 온전히 자신의 몫이 되지만 회사에서는 그 실수를 보완해 줄 요소들이 많이 있다. 실수하는 것을 두려워하면 그 어떤 성장도 할 수 없다. 조직에 속해 있으면서 실수를 어떻게 대처해야 하는지를 빠른 피드백을 통해 배울 수 있다는 건 어찌 보면 감사한 일이다. 실수는 누구나 할 수 있다. 다만 그 실수를 얼마나 빠르게 보완하고 나아가는 것이 필요하다.

셋째는 일을 대하는 태도에 대해 생각하기이다.

회사는 월급 받는 만큼만 일하는 곳이라고 냉소적인 태도를 갖는 사람이 많겠지만, 조직에 속해 있으면서 배울 수 있는 것 또한 정말 많다. 사회라는 시스템은 협력 없이는 돌아갈 수 없는 구조다. 우리 모두 알게 모르게 누군가의 도움을 받고 있고 도움을 주며 살고 있다. 과연 일이라는 게 단순히 돈을 받기 위해서만 하는 것인지 스스로 되물을 수 있어야 한다. 결국 돈이 많아진 다음에 생존을 위한 노동을 할 필요가 없어진다고 하더라도 사람은 누군가에게 도움이 되는 일을 하고 싶어 한다. 그런 의미에서 하기 싫은 일을 억지로 하루 8시간 동안 같은 공간에 갇혀서 한다는 마인드에서 벗어날 필요가 있다. 성공한 사람들은 자신이 하는 사소한 일에서도 자부심을 느끼며 의미를 부여했기에 성공할 수 있었다. 결국 일 자체가 아니라 내가 어떻게 일을 대하는지에 대한 태도가 문제라는 것을 알 수 있는 대목이다. 지금 하는 일을 나는 어떻게 대하고 있는지 한 번쯤 돌아보는 시간을 가져 보는 것도 좋지 않을까?

런던 비즈니스 스쿨의 린다 그래튼(Professor Linda Gratton, London Business School) 교수는 100세 시대를 맞이하여 멀티 스테이지(Multi-Stage)화하는 인생에 대한 대비가 필요함을 강조하고 있다. 무형 자산의 중요성에 대한 것이다. 자산에 관해서, 사람들은 돈과 재산에 대해 생각하는 경향이 있지만, 실제로 우리가 나이가 들 때 정말 도움이 이러한 무형 자산(Intangible Assets)이다. '무형 자산'은 개인의 품질로 대체로 바뀔 수 있다. 그래튼 교수는 세 가지 요소가 있다고 강조한다.

첫 번째, 생산성(Productivity)이다.

이것은 사회에서 무언가를 창조할 수 있는 힘을 나타낸다. 노인들에게 가장 중요한 것은 그들이 세상에 의해 소중히 여기고 다른 사람들에게 유용한 기술을 가지고 있다는 것이다. 그렇게 하려면 항상 무언가를 계속 배워야 한다. 새로운 것을 가르치는 지인과 친구뿐만 아니라 최신 기술도 평생교육 시스템과 학습 시스템에 강력한 도움된다.

두 번째, 무형 자산은 활력(Vitality)이다.

이것은 마음과 몸이 건강하다는 것을 의미한다. 아무리 능력이나 아이디어가 뛰어나더라도 건강 없이는 사용할 수 없다. 또한, 깊은 우정은 건강을 유지하기 위해 필수적이다. 최근 일본에서는 오랜 근로시간이 사회적 이슈로 부각되었는데, 이러한 업무 스타일로는 건강을 유지할 수 없다. 적절한 근로시간을 가지며 자녀를 양육할 시간에서 해방되고, 부부의 시간과 공동체와의 협력네트워크를 유지할 때 아름다운 신중년을 영위할 수 있게 된다. 이것이 후지쯔가 항상 매력적으로 여기는 비전이다.

그리고 마지막 무형 자산은 변신(Transformation)이다.
이는 다른 자아를 만드는 기능을 나타낸다. 아무도 특정 기술로 끝까지 살아남을 수 없다. 당신은 어떤 시점에서 자신을 변경해야만 한다. 자신을 변화시키기 위해서는 자신을 알고, 세상을 알고, 어려운 결정을 내려야 한다. 다양한 연결도 필요하다. 그냥 당신이 같은 사람들과 외출하는 것으로는 변화되지 않는다. 네트워크에 다른 유형의 사람들을 갖는 것이다. 사람들은 100세의 나이를 두려워하지만 두려워할 필요는 없다. 그것은 인류에게 주어진 선물이며, 의미 있는 신중년이 되기 위해서는 삶의 3 : 3 : 3 단계별로 가치 있고 보람 있는 경력 기반의 무형 자산(Intangible assets)의 변신을 위하여 자기혁신이 필요하다.

네트워크에서 다른 유형의 사람들을 갖는 것은 다른 사람과 다른 삶의 방식에 대해 생각할 수 있는 좋은 기회이다. 신중년은 주된 일자리에서 퇴직(50세 전후)하고 재취업 일자리 등에 종사하며(72세) 노후를 준비하는 과도기 세대(50~60세대)이다. 노동시장에서 은퇴해야 하는 연령대로 인식되는 경향이 있는 고령자나 노인을 대신해 활력 있는 생활인이라는 긍정적 의미를 담은 정책 용어로 활용되고 있다. 2018년 기준 우리나라 신중년은 1,415만 명이다. 전체 인구 중에서 신중년(50~69세)이 차지하는 비중은 2017년 27%에서 지속적으로 증가하여 2021년에는

30%를 넘어서 2026년에는 32.2%를 차지할 것으로 전망된다.

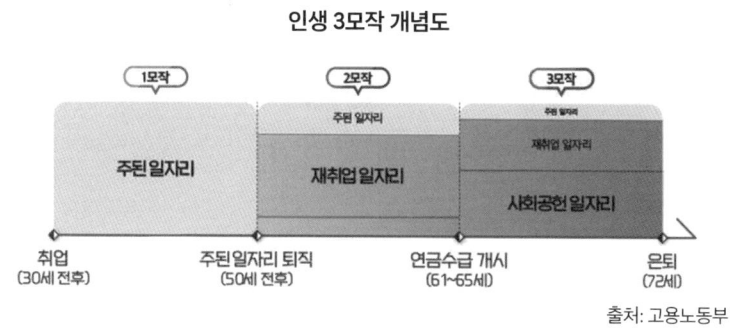

출처: 고용노동부

고용노동부를 비롯한 여러 부처에서 신중년 경력형 일자리사업을 추진하며, 만 50세 이상 만 70세 미만의 퇴직전문인력이 지역사회에 서비스를 제공하는 일자리에 참여할 때 인건비를 제공하는 신중년 경력형 일자리사업을 신설해 2019년부터 운영하고 있다. 신중년의 지역사회 역할 강화 및 민간 일자리로의 재취업을 지원한다. 지원대상은 참여자의 경우 만 50세 이상 만 70세 미만 퇴직 전문인력자로 해당 분야 경력 3년 이상 또는 전문 자격 소지자이다. 참여기관은 비영리 단체·기관, 사회적기업, 공공기관 등으로 지원수준은 최저임금 이상의 급여 및 4대 사회보험, 주휴수당 등 각종 수당이 제공된다. 참여 시간은 주 15시간 이상 주 40시간 이하로 세부사업에 따라 상이하다. 신중년 경력형 일자리 예시로는 마케팅·회계 등 분야별 신중년 경력자를 활용하여 지역 내 사회적기업 등 사회적경제기업 경영 개선 지원과 드론자격증 보유한 신중년 채용으로 산림, 해양, 환경, 교통, 건축 등 도시 안전 시스템 점검 및 관리 지원, 바이오 자문인력 활용으로 지역 내 바이오 전문가를 채용하여 지역대표사업인 발효미생물분야 전문자문 지원 등이 있다.

신중년 100세 시대에는 인생의 1, 2단계에서 승부가 결정되지 않는다. 신중년 100세 시대를 맞아 3 : 3 : 3 단계 중 세 번째 단계에서 인생의 가치 있는 삶을 발휘할 수 있다. 100세 시대에도 젊은 세대 못지않은 지혜와 열정을 갖고 활동하는 철학자 김형석 교수를 비롯한 65세에 KFC를 창업하여 세계적인 기업으로 성장 발전시킨 KFC 창업자인 커넬 샌더스(Colonel Sanders)를 예로 들 수 있다.

신중년 100세 구현을 위한 3:3:3 단계별 실천 전략

인생 로드맵을 3 : 3 : 3 단계별로 보면 1~30세까지는 학습(Study)을 중심으로 신지식을 습득하고, 정규과정을 이수하는 것이 핵심 수행요건이 되고 두 번째 단계인 31~60세까지는 1단계에서 학습한 내용을 기반으로 적성에 적합한 분야별 직무수행에 몰두하게 되며 일반적으로 정년을 맞이해서 은퇴하는 시기이다. 마지막 3단계에서는 최근 의료의 발달로 평균수명이 증가하는 현실에서 신중년 100세 구현을 위한 학습(Learning) 기반의 단계별 전략을 통하여 지속가능한 성공적인 인생로드맵을 실천해 나가도록 노력해야 한다.

신중년 100세 구현을 위한 성장 전략을 추진하기 위해 일을 하면서 얻으려고 하는 것은 사람마다 다르다. 평소 이에 대해 진지하게 생각해 본 사람도 있고 조금 생각해 본 사람도 있을 것이지만 잘 살펴보면 일하고자 하는 이유는 다음과 같이 분류해 볼 수 있다.

첫 번째는 활동이다.

감성을 자극하는 것을 즐기는 '활동'의 영역이 있다. 일로부터 끊임없이 생존의 에너지를 얻는 전진을 즐기는 노력이 필요하다. 3 : 3 : 3 단계에서 3 : 3 단계는 은퇴하기 전의 인생인 전반전, 마지막 3단계 인생 후반전이다. 그런데 많은 은퇴자가 전반전의 승리감에 도취해 후반전에 잘못 접근해 큰 낭패를 보는 사례가 많다. 운동 경기에서 가장 짜릿한 것은 역전승을 하는 것이다.

반면에 역전패는 가장 가슴 아프다. 역전패를 당하지 않고 전반전에 이어 후반전에도 이기는 압도적인 경기가 좋은 것이기는 하지만, 역전승만큼의 화끈함은 덜하다. 퇴직할 때도 대부분 정년을 채우지 못하고 여러 가지 이유로 조기 퇴직을 한다. 물론 일부는 직원으로서 갈 수 있는 최고의 자리인 부장으로 퇴직하는 경우도 있다. 또 누구는 정년도 더 지난 나이에 임원으로 퇴직을 하기도 한다. 직장생활의 직급만을 놓고 보자면 임원으로 정년 이후까지 근무한 사람과 부장도 못 해 보고 조기에 퇴직한 사람은 분명 큰 스코어 차이가 있다고 볼 수 있다.

그런데 인생 후반전에서도 전반전의 스코어가 그대로 지속되는 것은 아니다. 비록 직장생활에서 부장도 못 달고 퇴직했으나 일찍 퇴직한 것이 오히려 전화위복이 되어 임원 퇴직자보다 훨씬 더 성공적인 후반전을 사는 이들도 많다. 신중년 100세 시대를 맞이해서 3 : 3 단계의 전반전에서 만족하기보다는 다음 3단계, 즉 인생 후반전에 새로운 분야에서 성공을 거두기 위해 직장생활을 하는 동안 미리 준비해야 한다. 퇴직 전의 상황을 기준으로 각자의 경제적 상황이 비슷할 거라 가정하는 것은 매우 위험한 것이다.

신중년 3 : 3 : 3 단계를 후반전까지 충족하기 위해서는 재직 중에 자기계발을 통해 자신의 분야에 대한 중기적인 경력관리 계획을 수립하여 추진하는 것이 필요하다. 이를 위해서 자신의 분야에 대해 계속해서 가치창출 모형을 개발하는 것이 필요하다.

두 번째는 스스로 오너가 되어 새로운 사업 시작하기이다.
개인의 3 : 3 : 3 단계별 목표 설정과 지속적인 발전을 위해서도 SDGs(Sustainable Development Goals)의 인생목표 설정 및 단계별 디테일한 수행 전략이 필요하다. 단계별로 요구되는 핵심 요건을 수행하는 것을 뛰어넘어 다양한 상황에 대해 지혜롭게 대응해 나가는 전문성, 열정, 핵심네트워크 등을 구축하여 시너지가 나올 수 있고 지속가능한 발전 목표를 달성하는 플랫폼으로 활용하는 것이 필요하다. 이를 위해서는 부단히 학습(Learning)을 통한 평생 학습과 평생 노력이 전제가 되어야 한다.

장점 극대화 및 단점 최소화로 긍정적인 영향을 통해 자발적 추종을 불러일으키는 능력을 발굴하여 습관 변화로 내가 지닌 긍정적 영향의 원천이 무엇인가를 찾고 나만의 'ONE THING'을 찾는 것이 필요하다.

종합하면 신중년 3 : 3 : 3 인생 경력 커리어를 대비하는 방법으로는 초기에 Study 형 학습법에서 Learning 학습법을 기반으로 교육경력을 쌓은 다음에 두 번째 단계에서는 분야별 수행하는 직무를 분석하고 평가하며 설계하여 업무수행을 하면서 분야별 전문분야와의 네트워크를 통한 C&D(Connect&Development) 전략을 통하여 현장에서 기여하고 축적된 네트워크 지수(Network Index)를 기반으로 내외적인 환경을 극복하며 자신의 수행업무분야에 대해 글로벌 기준의 업무 수준을 맞추도록 노력해야 한다.

또한, 업무를 수행하면서 직간접적으로 관계성을 형성하는 산업계, 연구소, 협회 등 관련 분야는 물론 신성장산업에 새로운 트렌드를 선도하는 인플루언서들과의 기술, 정보 교류 네트워크를 꾸준히 구축하고 해당 직무분야별로 전문성을 높이기 위해 관련 전문자격증을 취득하는 노력과 열정이 필요하다.

고용 환경 변화로 새로운 도전을 위해서 요구되는 정년, 은퇴 이후 과정인 세 번째 단계에서는 축적된 전문성과 시너지를 내도록 하여 새로운 신중년 설계 및 세계에 지속가능한 전문 영역을 펼쳐 나가는 노력이 필요하다. 단계마다 글로벌 시각을 갖고 분야별로 국내시장의 관점에서 글로벌한 시장의 관점으로 승화, 발전시키는 노력이 필요하다.

오늘날에는 신성장산업과 많은 기술, 정보가 급속도로 발전하고 변화하고 있는바 이 같은 환경을 면밀히 분석하고 직무분야에서 질적으로 환경 변화에 능동적으로 대응하며 자신의 신중년 세계에 대한 새로운 도전의 기회로 발전시켜 나가는 자세와 준비가 필요하다. 미래의 비전

성취 기회는 지속적인 자기계발로 준비된 자에게 예약되는 것이다. 단기간에 승부를 거는 방식보다는 중·장기적이고 지속가능하며 자신만의 경쟁력 있는 분야에 대한 지식, 태도, 가치관 등에 대한 새로운 정립이 필요하고 적극적이고 긍정적인 사고방식으로 새로운 도전의 기회를 활용하는 준비된 마음과 열정이 필요하다.

아리스토텔레스는 '올바른 결정에의 확고함(Hexis Prohairetike)'을 강조하였다. 덕성 있는 사람은 고정적인 행동양식을 습득하는 것이 아니라 제공된 행동의 선택 상황에서 언제나 가장 이성적인 것을 찾아내고 이를 실천할 것을 배운다. 살펴본 바와 같이 신중년 100세 시대는 상황적인 요인들과 습관적이지 않은 요인들에 영향을 받기 때문에 고정적, 도덕적 태도에 관한 사고를 현실적이고 미래지향적인 가치관 기반의 태도를 견지하는 것이 필요하다.

신중년 100세 시대
일자리 연계 비즈니스 모델 방안

AI 시대 근로자는 IT 인프라를 활용하여 창의적인 아이디어와 근로환경을 활용한 재충전 기회가 부여되는 새로운 근로자로 발전하고 있으며 '100세 시대'와 '4차 산업혁명 시대'를 맞이하여 '평생직장'의 불확실성이 점점 커지고 있다.

'신중년'이란 '자기 자신을 가꾸고 인생을 행복하게 살기 위해 노력하며 젊게 생활하는 중년'을 이르는 말이다. 신중년 100세 시대 일자리 연계 비즈니스 모델 방안의 핵심은 개인의 니즈와 조직의 니즈 간의 균형을 찾는 것이다. 개인의 가치가 조직의 가치와 조화될 때 개인과 조직은 서로 만족하게 되고 성과도 높아지게 된다.

경력 개발을 통해서 기업은 미래의 비전을 조직 구성원에게 제공하는 조직이 될 수 있다. 조직 구성원의 경력 개발을 지원한다는 것은 미래의 개인 경력 목표에 부응하는 것이기 때문에 경력 개발은 개인과 조직 비전의 상호 실현과정이라고 볼 수 있다. 조직은 개인에게 미래 지향적인 비전을 제시하고 실현하도록 후원함으로써 개인의 자아실현을 후원하고 더 큰 성과를 기대할 수 있게 된다. 또한, 경력 개발은 장단기에 걸쳐 종업원의 사기, 동기 부여 및 생산성 향상에 있어 긍정적인 효과를 제공한다.

인생게임(The Game of Life)이 여러 돌발상황을 거치면서 일생을 마칠 때 '누가 많은 돈을 벌었는가.'라는 한 가지 척도로만 승패가 결정되는 게임이 아니라는 것을 본질적인 가치평가에서 발견하게 되는 것처럼, 신중년 100세를 건강하게 지속가능한 목표를 이루도록 3 : 3 : 3 단계별로 디테일하고 지혜롭게 계획, 실행, 평가를 해 나가면서 자신의 인생게임에서 승리자가 되도록 노력하는 것이 중요하다.

참고문헌

1. 「신중년, N잡러가 경쟁력이다」, 김영기 외, 브레인 플랫폼, 2021.3.
2. 「회사 다닐 때 경험하지 않으면 후회하는 3가지」, 유재경, FACTVIRUS, 2021.9.
3. 「인생게임에서 이기려면」, 김필규, 중앙일보 오피니언, 2021.9.
4. 「은퇴 5년 전에 꼭해야 할 것들」, 전기보, 미래지식, 2018.
5. 「신(新)중년 지원」, 문화체육관광부, 대한민국 정책브리핑, 2021.5., https://www.korea.kr/Special/policyCurationView.do?newsId=148868339
6. 「기업가정신과 창업가정신 그리고 창직가정신」, 이승관 외, 브레인플랫폼, 2021.8.(공저)
7. 「산업카운슬러의 역할과 기대」, 이승관, 고용노동부소관 비영리기관 사단법인 한국산업카운슬러협회, 2021.
8. 「창업컨설팅의 이해와 실천전략」, 이승관, 2021 커리어컨설턴트[재취업전문가] 과정 특강, 한국산업카운슬러협회, 2021.5.
9. 「AI시대의 미래형 산업카운슬링 추진전략」, 이승관, 제33회 산업카운슬링 연구포럼, 한국산업카운슬러협회, 2021.5.
10. 「옛사람들에게 배우는 삶의 길」, 크리스토프 호른, 생각의 나무, 2005.2.
11. 「The Future of Flexibility at Work」, Ellen Ernst Kossek, Patricia Gettings, Kaumdi Misra, HBR(Havard Business Review), September 28, 2021., https://hbr.org/2021/09/the-future-of-flexibility-at-work?utm_medium=social&utm_campaign=hbr&utm_source=facebook&tpcc=orgsocial_edit
12. 「人生100年時代を生き抜く必要不可欠な「力」とは」, Professor Linda Gratton, London Business School ,個人の持つ「無形の資産」を磨く, 2017.12., https://www.fujitsu.com/jp/vision/insights/201712event2/
13. 「人生100年時代とは？ これからの時代に求められる人材になるためにできること」, ビジネススクール大学大学院-BBT online 大学院, https://www.ohmae.ac.jp/mbaswitch/_mba_the100-yearlife/

저자소개

이승관 LEE SEUNG KWAN

학력

· 성균관대학교 일반대학원 경영학과 박사
· 성균관대학교 일반대학원 경영학과 석사
· University of Hawaii, ICBP(Inter-Cultural Business Program) 수료
· KAIST-SeongNam ICT Leadership 수료
· 제4차 산업혁명최고위과정 1기 수료
· NCS기반의 블라인드채용전문가 공공기관 전문면접관 교육 및 실습과정 수료(한국컨설턴트 사관학교)

경력

· 과학기술정보통부, 한국청년기업가정신재단 K-ICT 창업멘토링 센터 CEO멘토
· 한국표준협회 스마트팩토리 특화 중소기업훈련지원센터 운영위원
· NCS기반 블라인드 채용전문가 공공기관 면접관
· 농림식품기술기획평가원 R&D코디네이터
· 진스랩(주), 바이오세라(주) 전문위원
· 한국산업카운슬러협회 전문위원
· 한국스마트의료기기산업진흥재단 전문위원
· 강남노무법인 근로자카운슬링연구소장

- 경기중소벤처기업연합회 위원
- 성남산업단지관리공단 수석전문위원
- 성남산업진흥원 팀장, 부장
- 인천테크노파크 선임연구원
- 울산테크노파크 책임연구원, 실장
- 행정자치부 행정기관 홈페이지 평가·검증반장
- Tpage Global(주) 상무이사(e-무역상사)
- (주)쌍용 차장

자격
- 경영지도사(중소벤처기업부장관)
- 산업카운슬러 1급
- 커리어컨설턴트(재취업전문가)
- 경영진단사
- 기술평가사, 기술경영사
- 창업지도사, 창업보육전문매니저
- 정교사(교육인적자원부장관)
- National Director of IO-WGCA

저서
- 「메타버스를 타다」, 브레인플랫폼, 2021.(공저)
- 「기업가정신과 창업가정신 그리고 창직가정신」, 브레인플랫폼, 2021.(공저)
- 「ESG 경영」, 브레인플랫폼, 2021.(공저)
- 「성남하이테크밸리 스마트공장 기술 세미나-스마트공장을 위한 3D 프린팅 기술」, ETRI-SNIC, 2019.(공저)
- 「글로벌 디지털헬스케어 기술 동향」, 정보통신기술진흥센터(IITP), 2017.(공저)
- 「메디바이오/SW(ICT) 미니클러스터 교류회 연구교재」, 성남산업진흥원, 2017.(공저)
- 「스마트 헬스케어 산업동향」, 주간기술동향, 정보통신기술진흥센터(IITP), 2015.(공저)
- 「모바일의료기기 융합시장 활성화 방안」, 주간기술동향, 정보통신기술신흥센터(IITP), 2014. (공저)
- 「기술평가 전문가 교육과정 교재」, 중소기업진흥공단-중소기업중앙연수원, 2012.(공저)

- 「소재산업분야 연구기획 전문가과정」, 고용노동부-한국섬유개발연구원, 2014.(공저)
- 「기술사업화 전문가 양성교육 교재-기술평가사/기술경영사 과정」, 한국기술사업화진흥협회, 2012.
- 「IT융합전략」, 한성대학교 지식서비스컨설팅대학원, 2012.(공저)
- 「Bioin스페셜 전문가리포트」, 한국생명공학연구원, 2012.(공저)
- 「KEIT PD Issue Report-융합기술 R&BD 활성화 추진전략」, 한국산업기술평가관리원, 2012.
- 「성남시 3+3전략산업 정책보고서」, 성남산업진흥재단, 2008.(공저)
- 「성남시 게임 산업 육성을 위한 클러스터 구축 전략수립」, 경기디지털콘텐츠진흥원, 2008.(공저)
- 「인천 자동차부품산업 현황 및 발전방안」, 인천테크노파크, 2006.(공저)
- 「경인지역 기계·금속산업 인력 실태조사 보고서」, 중소기업청/인천경기기계공업협동조합, 2006.
- 「인천서부지방산업단지 생태산업단지화를 위한 사전분석 연구(최종보고서)」, 산업자원부-송도테크노파크, 2006.(공저)
- 「Economic Cooperation and Integration in Northeast Asia-New Trends and Perspectives」, Global Cultural and Economic Research2, LIT VERLAG Berlin 2006.(공저)
- 「행정기관 홈페이지 평가 및 우수기관 선정 최종보고서」 작성, 숙명여자대학교 정보통신대학원, 2003.(공저)
- 「울산지역 산업클러스터 사례분석 연구」, 울산전략산업기획단-울산대학교, 2004.(공저)

수상

- 산업통상자원부 장관상
- 산업연구원장상
- 성남시장상
- 성남산업진흥원장상
- 한국의료기기공업협동조합 이사장상
- 한국스마트의료기기산업진흥재단 이사장상
- 한국산업카운슬러협회 원장상
- 한국생산성본부장상
- 주식회사 쌍용 대표이사상
- 성균관대학교 총장상

SNS

· Facebook(이승관): https://www.facebook.com/seunggwan.i

― 제5장 ―

직장인을 위한 스펙(Spec) 준비 로드맵

• 윤인석 •

직장인에게 스펙(Spec) 준비란?

1) 평범한 사무직 직장인의 현주소

평범한 사무직 직장인 대부분은 최소 12년 이상을, 대학을 졸업했다면 16년 이상의 시간을 학교에서 공부하였고, 이를 기반으로 약 30년 이상을 직장에서 근무할 수 있기를 희망한다. 근래에는 60세까지 정년을 채우고 퇴직을 하는 정말 복 받은 분을 주위에서 보기도 했지만, 공무원, 공기업이 아닌 일반기업에서는 아마도 흔치 않은 경우이다.

실제로 2021년에 진행된 통계청 조사에 따르면 취업 경험이 있는 55~64세까지 고령층 인구가 가장 오래된 일을 그만둔 평균 연령은 49.3세였다고 한다. 이에 반해 이들은 73세까지 계속 근무하기를 희망하는 것으로 조사되었다. 한편으로는 정년이 65세 이상으로 연장될 수도 있다는 희망적인 소식도 있지만, 우리보다 이 부분에서 앞서 있는 일본이 2025년부터 만 65세를 정년으로 시행할 것으로 예상되는 것을 볼 때 우리나라는 일본보다 최소 10년 정도는 늦을 것으로 예상된다.

전문 기술을 가지고 있지 않은 사무직 직장인은 나이가 50세가 지나면 조직에서는 자연스럽게 회사에서 나가 주기를 바라는 신호를 보내고, 해마다 비용 절감을 평계로 퇴사 압박을 받는다. 더욱이 근무하고 있는 사업부가 더 이상의 매출 성장이 없고, 조직원의 구성 비율은 시간이 흐를수록 역피라미드 형태로 되어 고임금의 관리자급(차장, 부장) 비율이 커지게 된다면 한층 더 이런 압박이 심해진다. 회사 경영상태가 나쁜 이유가 꼭 내가 잘못해서 그런 것도 아닌데 말이다.

일본 교토대학이 발표한 '승진의 경제학'에 따르면 임원이 될 사람은 입사 후 1~2년 안에 대부분 결정된다고 한다. 지금 당신이 임원이 될 인제로 대우받고 있지 않다면 앞으로 임원이 될 확률이 낮다는 말이다. 임원이 된다고 해서 상황이 크게 다르지는 않다. 어느 날 같이 근무했던 임원이 갑자기 회사를 그만둔다고 한다. 성과가 좋지 않고 힘들어서 그렇다고 했는데, 시간이 지난 후 소식을 들어 보니 최고 경영층 앞에서 말 한마디 잘못했다가 회사를 그만두라는 통보를 받았다고 한다. 직장인의 최고봉이라는 임원도 실적이 나빠지거나 최고 경영층이나 오너 일가 앞에서 말이라도 한마디 잘못했다가는 하루아침에 회사를 나가야 하는 그야말로 하루살이 인생이 될 수도 있는데, 임원도 아닌 직원들은 말해서 무엇하랴.

20년이 넘는 긴 기간을 회사에 충성하면서 대부분 시간을 투자한 것을 생각해 보면 그 끝이 비참하게 보인다. 이러다가 내 생명이 줄어들 수도 있겠다 생각이 들어서 당장 회사를 그만두고 뭐라도 개인사업을 하고 싶지만, 구체적인 계획도 없고, 준비도 되어 있지 않고, 당장 코앞에 닥친 경제적인 사정 때문에 그것도 마음대로 하지 못하는 것이 직장인의 현주소이다. 직장에서 잘나가든, 구조조정 대상이든, 모든 직장인은 언제 직장을 그만둘지 확신하지 못하는 똑같은 환경에 놓여 있다. 당신만은 예외라는 착각 속에서 살지 말자.

2) 은퇴 후 삶에 대해서

한편으로 직장인들은 약 7억 원 정도는 있어야 노후 대비가 가능하다고 생각한다는 것을 어느 방송 매체를 통해 들은 적이 있다. 근래에 부동산 가격이 오르는 상황에서 아파트 2채 이상 가지고 있지 않다면 직장생활을 하면서 7억 원의 여유 자금을 확보하기는 보통의 직장인에게는 어려운 일이다.

또한, 은퇴 이후에도 40년 이상 더 살아야 하는 것을 고려해 보면, 아무리 돈이 있다고 해도 꾸준하게 일을 하지 않으면 견디기 어려운 긴 시간이다. 그리고 우리는 경제적인 문제뿐만 아니라 한편으로는 사회적인 관계에서 고립되는 것도 두려워한다. 이처럼 퇴직 후에도 반드시 제2의 업(業)을 갖기를 희망하는 이유는 내가 하고 싶은 일을 몰입해서 하면서도 사회적 관계를 유지할 수 있기를 원하기 때문이다.

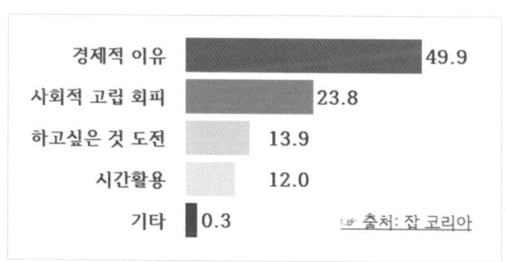

3) 스펙(Spec)을 준비해야 하는 이유

여느 아파트와 마찬가지로 필자의 아파트에도 다수의 경비원이 근무하고 있는데, 그중에는 대기업 부장을 지낸 이력이 있는 경비원도 있다. 몇 평이 되지 않는 비좁은 공간, 잦은 야간근무, 부실한 냉난방 등 열악한 근무 환경에도 불구하고 경비원 취직 경쟁은 치열하고, 취직을 했다고 해도 살아남기 위해서 아파트 부녀회 눈치를 살펴야 하는 것이 현실이다. 아파트 경비원이 나쁜 직업은 아니지만, 이것이 본인의 10년 후 모습이기를 기대하는 이가 많지는 않을 것이다. 이처럼 이제는 대기업 부장 출신 경비원, 임원 출신의 대리운전 기사는 우리 주변에서 흔하게 볼 수 있고 머지않은 미래에 나의 모습이 될 수도 있다.

직장인이 취업을 준비하는 '취준생'이 아님에도 스펙(Spec)을 쌓아야 하는 이유가 여기에 있다. 자신 있게 명함을 내밀어 보여 줄 수 있는 사람과 그렇지 못한 사람은 자신에 대한 자긍심에 큰 차이가 있다. 스펙(Spec) 준비는 명함에 넣을 수 있는 자신의 역량을 갖추는 것이다. 본인이 가진 전문성과 인맥까지도 모두 역량에 포함되며, 본인이 원하는 제2의 업(業)을 갖기를 원한다면 바로 지금부터 준비해야 한다.

미래의 나의 모습은 지금 무엇 때문에 바쁘고, 어떤 사람을 만나고 있는지에 따라서 결과가 달라질 수 있다. 한꺼번에 바꿀 수는 없겠지만, 차근차근 바꾸어 나가지 않으면 머지않은 미래에 후회만 남게 될 것이다. 일본의 경제학자 오마에 겐이치는 인간이 바뀌기 위해서는 시간을 달리 쓰거나, 사는 곳을 바꾸거나, 새로운 사람을 사귀어야 한다고 했다. 시간과 환경과 사람은 우리의 삶을 변화시키는 핵심적인 요소이다. 스펙(Spec)을 준비하자.

스펙(Spec) 준비 로드맵

1) 내가 잘하는 것과 좋아하는 것

본인이 원했든 그렇지 않았든 지금까지 우리는 제삼자가 자신을 바라보는 시선과 사회의 잣대를 기준으로 좋은 평가를 받는 직장을 선호했다. 매출이 많고, 계열사가 여러 개이고, 당연히 급여도 높은 소위 대기업이거나, 급여는 조금 작지만 특별한 문제가 없다면 정년까지 꼬박꼬박 월급을 받을 수 있는 공무원, 공기업 같은 안정적인 직장을 최고로 선호하였다.

그러나 제2의 업(業)을 찾기 위한 과정은 제삼자의 시선이나, 사회의 잣대에서 벗어나 먼저 철저하게 자기 자신을 이해하는 데서 출발해야 한다. "제일 잘하는 것이 무엇인가요?", "가장 좋아하는 것은 무엇인가요?". 어느 면접에서나 나올 것 같은 기본적인 질문이지만 막상 답을 하려면 어렵게 느껴진다. 왜 어려운 것일까?

대부분의 사람이 이것에 대해서 깊이 있게 생각을 해 보지 않았기 때문이다. 귀찮기도 하고, 본인이 잘할 수 있는 것과 좋아하는 것이 다를 수도 있는데, 한 가지 일을 오래 하다 보면 내가 현재 하는 일을 좋아하는 것인지, 잘해서 하는 것인지, 그렇지 않으면 오랜 기간 해 왔기 때문에 익숙해져서 그렇게 생각하는 것인지 판단이 어렵기 때문이기도 하다.

(1) 내가 잘할 수 있는 것

아마도 내가 잘할 수 있는 것은 지금까지 해 왔던 것 중에서 하나일 확률이 높다. 직장생활을 했다 하더라도 한 분야에서 긴 시간 동안 업무를 해 왔다면 그 분야가 내가 제일 잘할 수 있는 분야일 것이다. 모든 사람이 할 수 있는 평범한 일이라고 본인은 대수롭지 않게 생각할 수 있겠지만, 잘 모르는 사람이 볼 때는 본인이 그 분야에서 전문가이다. 자신감을 가지도록 하자.

사회 초년생 때부터 지금까지 했던 일 또는 업무에 대한 기억을 더듬어 자세하게 기록을 해 보자. 그 업무를 했던 기간을 넣고, 어떤 결과물을 만들었고, 어떤 목적이었는지 정리한다. 그리고 그 일을 잘했었는지 최대한 냉정하게 나의 능력을 평가해 보자.

■내가 했었던 일

기간	했었던 일	목적/목표	결과물	능력(상/중/하)	만족도(상/중/하)
2009.01~2012.10	.구매일정 관리 .구매 단가관리	.생산차질 방지	.납기/생산달성	상	하

평소 취미활동으로 해 왔던 것이나 취미 수준은 아니지만 꾸준하게 해 왔던 활동이 있다면 그 또한 후보가 될 수 있다. 최대한 자세하게 기

술하는 것이 나중에 방향성을 잡을 때 도움이 된다.

이러한 과정을 거친다고 해서 반드시 자신이 잘할 수 있는 것을 찾는다고는 장담은 하지 못하지만, 중요한 것은 계속해서 질문하면서 끊임없이 찾아야 한다는 것이다. 주변에 자신의 멘토(Mentor)를 두는 것도 방법이 될 수 있다. 멘토와 대화하면서 꾸준하게 질문하고 해답을 찾아야 한다. 왜냐하면 이미 많은 사람이 이 문제를 고민하고 있기 때문이다.

우리가 잘 알고 있는 재일교포 2세이며 IT 유통을 통해 세계적인 자산가로 유명한 소프트뱅크 손정의 회장은, 아무리 바빠도 매월 마이크로소프트사의 설립자인 빌 게이츠와 골프 회동에는 절대로 빠지지 않는다고 한다. 그와 만남을 통해 서로 모르고 있는 세상에 대한 관점을 주고받을 수 있기 때문이다. 지금 당신은 이런 스승이 주위에 몇 명이나 있는지, 새로운 인생을 준비할 때 마중물이 되어 줄 진정한 멘토가 있는지 살펴보고 찾아야 한다.

(2) 내가 좋아하는 것

평소에 내가 어떤 것을 했을 때 가장 몰입할 수 있는지, 기분이 좋은지, 행복한 감정을 느꼈는지 찾아야 한다. 그것이 아주 단순한 행위일지라도 자신에게 정직하게 물어보고 해답을 찾아야 한다. 지금까지의 경험에서는 잘 모르겠다면 회사 외부에서라도 다양한 활동을 통해 영역을 조금씩 넓혀 가면서 그런 감정들을 찾아야 한다.

우선은 조용한 환경에서 처음 생각나는 것부터 써 내려가자. 우리는 평소에 좋아하는 것들에 대해서 조금씩은 생각하고 느꼈기 때문에 몇 가지는 금방 찾을 수 있을 것이다. 그러나 조심해야 할 부분은 돈과 관련된 생각이다. 경제적인 측면, 즉 "돈이 되는가?"라는 질문을 중간에 해 버리면 진정으로 내가 좋아하는 것에서 멀어질 수 있다. 그래서 생각하는 연습이 안 되어 있다면 어려운 것이다. 일단은 경제적인 측면은 배제하고 생각해 보자.

또 어려운 점은 내가 좋아하는 수준의 평가이다. 100% 나의 주관적인 생각이기 때문에 좋아하는 정도를 어떻게 평가해야 할지 고민이 된다. '100점 만점에 과연 몇 점으로 평가하는 것이 올바른 평가일까?', '내가 하는 평가에 영향을 주는 요인은 무엇일까?'라는 기준에 대한 깊은 고민이 필요하다.

내가 좋아하는 것

좋아하는 것	평가(100점만점)	좋아하는 이유
시장에서 바다고기 사 와서 회 떠 먹기	80점	물고기 손질 후 회 뜰 때 기분 좋아짐
		가족이 맛있게 먹어 줌

2) 장점과 단점, 강점과 약점

내가 잘할 수 있고 좋아하는 것을 찾다 보면 그것이 한두 개가 아닌 여러 가지 형태로 정리가 될 것이다. 각 분야에서 요구하는 능력, 경력, 경험, 성향이 있는데, 이것에 대해서 내가 가진 강점과 약점을 비교해서 정리해야 한다. 예를 들어서 어떤 분야는 저녁에 늦게까지 일을 해야 할 필요성이 있는데, 나는 초저녁에 잠이 많아서 도저히 늦게까지 견디지 못한다면 이것은 약점이 될 수 있다. 그 반대의 경우라면 강점이 될 수도 있다. 사람을 만나 상담을 하거나 소개를 해야 하는 분야라면 사람들과 만나 이야기하고, 수다를 떠는 것이 즐겁게 느껴진다면 강점이 될 수 있다. 자신의 강점과 약점을 정리하자.

이러한 과정을 통해 당신 안에 잠들어 있는 또 다른 위대한 가치를 찾아내야 한다. 당신의 강점과 약점을 가장 잘 아는 사람은 바로 당신 자신이고, 당신이 탁월한 가치를 생산할 수 있는 곳이기도 하다. 그리고 탁월한 가치는 꼭 새로운 곳에서만 나타나는 것이 아니라 지금 하는 일에서도 새로운 영역을 개척하며 생산해 낼 수 있다.

3) N개의 적합한 직업, 직무

내가 좋아하는 것과 잘하는 것, 나의 장점과 단점, 강점과 약점에 대해 정리되었으면 가장 적합한 직업을 선택한다. 한 가지 직업을 선택할 수도 있겠지만, 향후 어떤 환경 변화에도 살아남기 위해서는 N개의 직업을 찾아야 한다. 소위 말해서 N잡러를 지향해야 한다. N잡러는 본업 외에도 여러 부업과 취미활동을 즐기며 시대 변화에 언제든 대응할 수 있도록 전업(轉業)이나 겸업(兼業)을 하는 이들을 말한다.

다양한 채널을 통해 그에 해당하는 N개의 직업을 찾고, 하는 일과 요구하는 자격요건, 교육·훈련 수준과 근무지역, 위험도 등 근무 환경을 같이 정리해야 한다. 어디에서 그런 정보를 얻을 수 있는지 잘 모르겠다면 우선은 가장 쉽게 접할 수 있는 인터넷 검색, 관련 사이트 조사를 통해 정보를 얻을 수 있다. 조금 더 깊이 있는 조사를 위해서는 포럼, 박람회, 동호회, 커뮤니티 등을 활용하거나 그 직업 및 직무분야의 현직자나 전문가를 찾아보는 것도 가능하다. 필자가 속해 있는 컨설턴트 카페를 통해서 다양한 정보를 받을 수도 있다.

아무튼 이 과정에서 가장 신뢰할 수 있는 정보를 얻도록 자신이 동원 가능한 모든 정보채널을 적절히 활용해야 한다. 그리고 가장 적합한 직업을 3~5개로 범위를 좁혀서 선택한다.

4) 필요조건과 능력 보완

(1) 필수조건과 필요조건

대부분 기업에서 경력사원을 채용할 때 가장 우선시하여 점검하는 것이 해당 분야에 대한 경력과 업적이다. 경력 기간 자체보다는 구체적인 성과를 더 중요하게 확인하려고 한다. "마케팅 경력이 10년입니다." 보다는 "상품 전략 ○○○을 적용하여 매출액을 30% 상승시켰습니다."가 더 필요로 하는 경력일 것이다.

이처럼 어떠한 직업이라도 그것을 수행하기 위한 최소한의 조건인 필수조건이 있으며, 경쟁력을 갖기 위한 필요조건이 존재한다. 예를 들어 ISO 국제심사원의 경우를 보자. ISO 국제심사원 자격증은 반드시 먼저 교육을 수료해서 확보해야 하는 필수조건이다. 그러나 자격증만 있다고 해서 ISO 심사를 하지는 못한다. 선임 심사관을 따라다니며 실적을 쌓아야 하고, 무엇보다 본인이 새롭게 등록시킨 기업을 끼고 심사를 나갈 수 있어야 한다. ISO를 새롭게 따는 기업이 아닌 이상, 기존에 해당 기업과 계약을 통해 ISO 심사를 진행하는 단체가 있을 것이다. 그럴 경우 기존 기업과의 거래를 끊게 하고, 나와 새로운 계약을 체결시켜야 한다는 어려움이 있는 것이다. 'ISO 심사 영업력', 이것이 필요조건이라 볼 수 있겠다.

(2) 능력 보완

각각의 직업을 갖기 위한 필수조건, 필요조건이 정리되었다면, 다음 단계는 자신이 가지고 있지 않은 능력을 보완하기 위한 계획을 수립해야 한다.

N개의 직업을 선택할 때 고민이 많았다면 아마도 요구되는 조건에 비해 현재 본인의 능력이 많이 부족하기 때문일 것이다. 그렇기 때문에 중장기 계획이 필요하다. 필수조건과 필요조건을 구분하여 정리하고, 각각에 대해서 어떻게 보완할 것인지 구체적인 방법을 기술해야 한다. 확보하는 데 통상적으로 필요한 기간을 인터넷이나 정보채널을 통해서 확인하고, 비용이 들어간다면 비용까지 고려하는 것이 좋겠다. 현재 자신의 생활 환경에서 제약사항이 있는지 확인하고, 극복 방안을 포함해서 종합적인 중장기 계획을 수립한다.

▨ 중장기 능력 보완계획

직업군	조건	내용	준비기간	비용	제약사항	극복방안
ISO심사관	필수조건	ISO심사 자격증	1.5개월	800,000	.교육일정 확보 어려움	.인터넷 강의 확인/비대면 수업
	필요조건	심사경력	1년	-	.기존 심사원 인맥없음	.교육수강 학원을 통해 소개
		신규 심사업체	1년	-	.알고 있는 업체가 없음	.구매팀 인맥활용 .동문회 확인

5) 추진 로드맵

　스펙(Spec) 확보를 위한 준비는 우선 자신이 잘하는 것, 좋아하는 것을 찾는 것부터 시작해야 한다. 우리는 자기 자신을 평가하는 것이 익숙하지 않기 때문에 상당한 시간이 걸릴 수 있다. 한꺼번에 모든 것을 완성하려 덤비지 말고, 몇 번의 검토, 수정을 통해 완성도를 높여 가야 한다.

추진 로드 맵	세부 실행 전략
Step1. 잘하는 것 좋아하는 것	• 과거 했던 일, 업무 정리/평가 • 내가 좋아하는 정리/평가
Step2. 장점과 단점 강점과 약점	• 해당 분야에 필요한 능력, 성향 분석 • 나의 장점/단점, 강점/약점 평가
Step3. N개의 직업/직무	• 가장 적합한 N개의 직업/직무 선택 • N잡러 지향
Step4. 능력 확보 계획	• 필수조건, 필요조건 확인 • 기간, 비용, 제약사항, 극복방안 점검
Step5. Just Do It !	• 단기, 중기 실행계획 기준 실행 • 자격, 교육 문의/등록

　유대인들이 사업을 통해 돈을 번 것은 일확천금을 얻어서가 아니라 작은 이익, 남들이 쓰레기라 치부하는 일을 하면서 그 분야에서 전문가가 되었기 때문이다. 처음부터 잘되지 않는다고 실망하고 포기하지 말자.

준비하지 않으면 바뀌지 않는다

온종일 회사에서 근무하다가 퇴근 후 저녁에 지인과 만나 술 한잔을 하고, 늦게 집으로 돌아와 씻고 잠자리에 들어서 아침에 다시 어김없이 일어나 회사로 향한다. 이렇게 평범하게 보이는 생활을 반복하면서 좀 더 달라진 내일을 기대한다는 것은 바보 같은 생각이다. 어느 제약회사의 활성비타민 광고를 보면 퇴근하면서 침대에 몸을 던지자마자 바로 출근하는 장면이 나온다. 내일이 어떻게 달라질 수 있겠는가?

최근 회사에서 희망퇴직을 신청하여 퇴사하는 사람과 잠시 앉아 이런저런 이야기를 할 기회가 생겼다. 지인들과 만나고, 평소 알고 지내던 협력사 등 여러 방면에서 조언을 들으면서 퇴직 후 진출 방향을 잡고 있다고 하였다. 그러면서 왜 진작에 이런 고민을 미리 하지 않았던가, 왜 조금씩이라도 준비하지 않았던가 후회가 된다고 했다. 그리고 짧은 시간이었지만 그냥 회사에 다니는 것하고, 무엇인가를 목표로 잡고 생활하는 것이 많은 차이가 있었다고 이야기해 주었다.

그렇다. 우리는 지금 매일 똑같은 생활을 반복하면서 나의 미래가 무엇인가 좋은 방향으로 변화될 수도 있을 것이라는 근거 없는 기대를 하고 있지는 않은지 생각해 봐야 한다. 비록 지금은 아주 작은 실천에 불과할지라도 미래에 어떤 결과를 만들어 낼지는 아무도 모른다. '시간이 없다.', '생각할 여유가 없다.' 같은 수많은 핑계를 대면서 오늘도 시작하지 않고 있다면 당장 시작해야 한다. 언젠가 우리는 직장을 그만두는 시점을 맞이하게 된다. 직장을 그만두고 밑바닥에서 시작하면 조직의 일원으로 살아갈 때는 몰랐던 낯설고 어려운 상황에 맞닥뜨리게 되는데 이때 두렵다고 떨기만 하고 있을 것인가?

미국의 교육학자 러셀 콘웰은 "가난한 사람이 가난을 벗어나지 못하는 이유는, 그들이 모든 돈을 다 써 버렸기 때문이 아니라, 이 세상에서 더는 돈을 벌 기회가 없다고 포기하기 때문이다."라고 하였다. 분명한 사실은 지금 뭐라도 준비하지 않으면 미래는 아무것도 바뀌지 않는다는 것이다.

참고문헌

1. 『아빠는 무조건 살아남아야 한다』, 탁계관, 라온북, 2013.
2. 『나는 언제까지 회사를 다닐 수 있을까』, 민도식, 북포스, 2011.
3. 『유대인 생각공부』, 쑤린, 마일스톤, 2015.

저자소개

윤인석 YOUN IN SEOK

학력

· 경상대학교 공과대학 전자공학(학사)
· 경영학 석사 준비 중
· 전기기사/전기공사 기사
· ISO 국제심사원
· 공공기관NCS블라인드 전문면접관

경력

· A 중공업 외 다수 대기업 근무
· 오티스 엘리베이터 근무
· LG산전 근무
· LG전자 근무

제6장

10년 전부터 준비한 내 모습

· 김재우 ·

10년 전부터 준비한 내 모습

1) 멀티 스위처로 살아가기

나는 2011년의 어느 날과 2014년 3월 23일, 2015년 11월 28일에 나만의 버킷 리스트를 완성해 두었다. 물론 그 이후에도 버킷 리스트들은 다듬어졌지만 기록을 제대로 갖고 있는 것은 이 세 가지 버전뿐이다.

내 버킷 리스트는 일반적인 '언제까지 무엇을 해야겠다.'는 문장 형식과는 달리 내가 평소에 많은 고민을 하며 적어 왔던 단어들의 교집합이라는 점에서 색다르다. 기록을 꺼내 보면 표와 같이 핵심 단어와 이 단어가 뜻하는 요약 내용으로 이뤄져 있다. 그래서 내가 앞으로 10년은 또 어떻게 살아갈 것인지, 어떤 것들을 이루고 싶은지를 스스로 가늠해 보며 살아왔다.

나는 먼저 '앞으로 10년 동안 내가 어떤 부분에 주력을 해야 할까?'를 곰곰이 생각해 봤다. 직장인은 업무를 벗어나 생각하기는 어렵다. 그래서 업무에 필요한 실력부터 점검했다. 해외에서 벌어지는 협상과 컨설팅, 변화하는 정세에 대한 파악처럼 정보 분석, 실행력들이 필수적이었기 때문에 책(여러 논문과 연구 보고서를 볼 때가 많다.)과 외국어는 늘 우선순위에 있었다.

10년 전의 비망록에서 추출한 핵심 단어와 내용

핵심 단어	세부 내용
책	자기계발서, 고전, 영어학습 교재
논문	비즈니스 주제, 해외에 관한 주제
외국어	영어, 필요 시 현지 언어 등

평소에도 고전은 많이 읽는 편이었지만 미국과 유럽권에서 약 10여 년을 근무하며 서양 고전 위주의 독서를 했다. 특히 그리스 문학, 로마의 역사, 중세의 고전문학을 주로 봤는데 생각보다 근현대문학은 취향이 잘 맞지 않았다. 고전의 중요성은 내가 강조하지 않아도 누구나 느낀다. 그런데 굳이 자신의 취향이 아닌 고전의 깨알 같은 글자가 적힌 두꺼운 책만 고집할 필요는 없다. 시간은 유한하고 이해력에도 한계가 있기 때문이다. 하지만 자기가 제법 흥미를 갖고 술술 읽히는 고전은 이왕이면 원문에 충실한 책을 권하고 싶다.

2014년에 박사 학위를 받고 벌써 7년이 흘렀다. 흔히 박사를 마치면 논문에 손을 놓는 경우가 많다. 그러나 실제 학문은 박사부터 시작한다고 본다. 그제야 진정한 논문을 쓸 자격(?)시험을 통과했다고 보는 게 좋다. 학술지에 논문을 게재할 때 심사위원들의 호된 비평에 기분도 언짢고, 힘들게 쓴 논문이 실리지 못해 좌절하기도 한다. 하지만 다시 수정해서 올랐을 때의 기쁨과 초고와의 분명한 차이에서 희열을 맛볼 수 있다. 무엇보다도 인생에서 '성장'에 대해 깊이 생각할 수 있다.

내가 과거에 작성해 둔 나의 꿈은 '(인류의 행복을 위해) 끊임없이 배우고 성장하며 나누는 것'이었다. 거창한 표현 같이 들리는 '인류의 행복'은 브이(V) 자 모양으로 앞에 적어 둔 것을 보면 아마 중간에 포함한 듯싶다. 끊임없이 배우고 성장하는 목적이 빠져 있어서였던 것으로 느껴진다. 아마 감성이 풍부해진 밤 무렵에 보완해서 쓰지 않았을까….

나는 이끌림의 법칙(Law of Attraction)을 매우 믿는 편이다. 제대로 된 인생을 살기 위해 그렇게 믿는다고 말하는 게 더 현실적이다. 그래서 스스로 취약한 부분을 보강하고 그럴 때 할 수 있는 것들을 다시 문장으로 정리해 두었다.

첫째, 아침 시간을 확보하고 이 시간에 짤막하게나마 글을 계속 쓰며 작가가 된다.
둘째, 글로벌 경제의 흐름과 산업 지식을 축적하여 벤처 캐피탈이 된다.
셋째, 저녁에 자녀들과 같이 꾸준히 공부하는 환경을 만든다.
넷째, 나에게 맞는 스포츠활동을 지속한다.

이 네 가지를 지금까지 모두 완벽하게 달성했다고 보기에는 어렵지만, 우리가 목표를 세운다는 것은 내일을 위해 오늘을 지불하는 것이다.

경험이 부족했던 시절에 나는 '인생은 비교적 짧은 시간 내에 결정되고 그 이후에는 그대로 삶이 진행된다.'고 여겼다. 그런데 점차 나이가 들고 보니 삶은 마라톤 경주이기 때문에 10km, 20km, 30km… 지점에 따라 미리 경주에 필요한 생수와 바나나 등을 구비해야 된다는 점을 깨달았다. 하프 마라톤 경주에 출전한 적이 있었는데 누군가 10km 지점에 놓인 테이블을 엎지른 바람에 생수를 주워서 마신 적이 있었다. 그 한 번의 고개를 숙여 줍는 행동이 페이스를 많이 잃게 만들었다.

'뿌릴 것은 미리 뿌려 두어야 한다.' 그래서 나는 멀티 스위처로서의 삶을 준비했다. 나는 아침 시간 대신에 주말과 밤 시간에 주로 책과 논문을 썼다. 특히 글로벌 경제의 흐름과 산업 지식을 같이 업무에 활용하면서 단독저서 한 권과 공저 열 권, 논문 열 편 이상을 써낼 수 있었다. 자연스레 벤처 캐피탈리스트가 될 수 있는 환경이 같이 조성되었다.

여기에는 미국 실리콘밸리에서 경험했던 지식과 인맥이 도움을 주었다. 자녀들과도 거시경제학, 통계학, 수학처럼 해외에서 도움을 받기 어려운 과목들을 되새기면서 나 역시 잊고 있던 학문들을 다시 접할 수 있었다. 마지막으로 군생활 중 다쳤던 오른쪽 어깨가 좋지 않아 테니스를 잠깐 배우다 그만뒀다가 왼손으로 연습을 다시 시작했다.

목표에 대해서는 언제까지 이룰 것인지를 확인하는 것이 중요하다. 매일 계획을 세우고 실천하기 위해 노력하게 되면 점차 목표에 근접해 가는 훌륭한 방법들을 체득해 내게 된다. 내가 만약에 세 번의 버킷 리스트를 기록하지 않았거나 이끌림의 법칙과 멀티스위칭을 해 두지 않았다면 그저 무의미하게 시간을 흘려보냈을 가능성이 크다. 10년은 매우 긴 시간임이 틀림없다. 그런데 내가 6년, 7년, 11년 전에 써 놓은 기록은 겨우 며칠 전에 써 놓은 느낌이 든다. 이제 다시 앞으로의 10년을 준비할 때다.

지금부터 당장 미래를 상상하라

1) 일자리 전쟁과 부의 설계

저출산 고령화가 현실이 된 지금 우리가 직면한 사실은 바로 '일자리가 오히려 감소한다.'는 점이다. 분명히 생산인구가 줄어들고 인구절벽에 이미 들어와 있는데도 일자리를 찾기는 더욱 어려워지고 있다. N잡러들이 많아지고 있으나 이는 정상적인 9~6시 근무 형태를 갖고 있는 일자리들이 아니다.

최고 전문가라는 사람들이 과거에 장밋빛 전망을 내놓은 사실을 안다면 독자 여러분들은 이들을 형편없다고 느낄 것이다. 인구가 기술과 함께 기하급수적으로 증가하다가 스스로 피임에 대해 인식하고 기술은 더욱 발전하면서 전문가들은 앞다퉈 미래에는 일자리가 충분하다고 여겼다. 인구통계학자들과 트렌드 전문가들은 마치 이것이 진실인 것처럼 여러 통계를 제시했고 사람들은 몇 가지의 지표를 보며 '당연하겠구나!'라고 생각을 했다. 그런데 나는 섣부른 판단, 특히 전문가들이 예측하는 이야기는 가급적이면 보다 냉정하게 여기라고 말하고 싶다. 오히려 미래는 각종 예측과는 반대로 움직이는 경우가 더욱 많다.

사람들은 인구구조를 매우 훌륭한 통계지표로 여기지만 이는 2000년대 이전까지만 해당될 법한 이야기다. 기술의 발전이 너무도 빠르게 진행되면서 결국 일자리는 로봇과 인공지능이 대체했기 때문이다. 인구통계학자들은 코로나와 같은 강력한 전염병을 예측하지 못했다. 사실 그 누구도 예상하지 못했던 반전이 일어났고 언제든지 공항, 항구를 비롯해 모든 국가가 장벽을 닫고 심지어 국가 내에서도 락다운(경제활동의 완전 폐쇄)이 가능하다는 것을 보여 줬다.

가장 똑똑하다고 하지만 책임을 지지 않는 사람들, 어떻게 보면 이런 전문가들은 위선자에 가깝다. 이제껏 남들의 이야기를 듣고 건설적인 판단을 해 보고 살지 않았다면 이제까지로 충분하다.

앞으로 부를 누가 가지게 될 것인가? 누구나 부자가 되고 싶어 하고 주위에는 "여러분도 나처럼 이 방법을 따라 하면 부자가 될 수 있다!"고 이야기하는 사람들이 수도 없이 많다. 그런데 그런 방식으로 진정한 부자가 된 사람들은 극히 드물다. 그 누구도 그러한 이야기를 하지 않기 때문이다. 오히려 진정한 부자는 공개적으로 조언하는 경우가 극히 드물다. 이들은 이러한 조언이 결코 자신에게 유리하게 다가오지 않는다는 것을 이미 알기 때문이다.

그렇다면 부를 어떻게 정의할 것인가? 사람마다 부의 기준은 다르겠으나 흔히 말하는 현금, 부동산, 주식, 금, 채권, 최근의 암호화폐와 같은 실물 또는 그렇게 여겨지는 자산을 꼽을 것이다.

나는 부를 '인생을 살아가며 지키고 키워 나가야 할 자산'으로 여긴다. 각각의 인생에서 어떤 가치를 갖고 있는지는 자신만이 알 수 있다. 나 또한 우리가 말하는 현금, 부동산, 금 등이 왜 중요하지 않겠는가? 다만 인생에서 함께 성장할 수 있는 가족, 진정한 친구, 건강, 행복처럼 더 소중한 인적 자산과 무형 자산이 우선순위에 들어야 한다는 것을 강조하고 싶다. 그래서 자기 관리를 철저하게 하고 긍정적인 생각을 하나하나 실천하고자 노력하고 있다. 그리고 이런 노력의 결실이 유형 자산을 증식시키는 선순환 구조를 지탱하는 밑거름이 된다.

"다른 사람을 평가하지도 말고 남이 나를 어떻게 보는지도 관심을 꺼두라."는 표현은 빌 게이츠가 마이크로소프트사의 성공 비법에 대해 짤막하게 남겼던 말이다. 지금은 세계가 알아주는 유명 거부가 되었으나 신생 벤처기업일 때는 하버드대학 출신이라는 꼬리표를 떼기 위해 스스로 다짐하며 늘 되새겼다고 한다. 철저하게 내 삶은 내가 주인이라는 마음가짐으로 살아야 한다는 뜻이다.

나는 이렇게 부를 키우기 위해 어떤 지출이 의미가 있는지 생각하고 한편으론 무의미한 것들을 줄이기 위해 노력해 오고 있다. 나는 가치 있는 지출과 무가치한 지출을 나눠서 가급적이면 가치 있는 지출을 많이 할 수 있도록 하고 있다. 우선 가치 있는 지출 중에 가장 중요한 부분은 무형 자산을 취득하는 것이다. 앞서 설명한 가족, 행복, 배움의 사례가 될 것이다.

프랑스를 방문하게 되면 루브르나 오르세 박물관, 에펠탑, 베르사유 궁전을 꼭 가게 되는데 보통 입장료가 한 곳당 10만 원 수준이다. 사실 프랑스여행은 길거리 음식보다 입장료, 숙박비가 훨씬 많이 드는 편이다. 그런데도 수십 개국의 여행지보다 프랑스나 이탈리아가 유독 기억에 남는 이유는 오랜 기간 인류가 남긴 무형 자산의 체험 덕분일 것이다. 우리는 이처럼 값진 기억과 추억의 가치에 상당한 돈을 지불하는 셈이다.

시간을 구입하는 행동은 맞벌이 부부가 가사 도우미를 통해 집안일을 일부 해결한다거나 세탁물을 맡기는 것처럼 우리 삶에 매우 다양한 편이다. 평생교육을 위해 학원에 다니거나 전문가로부터 수강하는 것들 역시 가치 있는 지출에 해당한다. 가치와 무가치를 구별하는 지출 중에 대인관계에서 구별이 되는 경우가 많다.

가치 있는 지출	무가치한 지출
- 시간이 지나도 가치가 남아 있는 무형 자산을 취득하는 비용 - 시간을 구입하거나 전문가에게 배우는 비용 - 새로운 생각을 가진 사람들에게 지출하는 비용 - 자녀와 가족에게 투자하는 비용 - 가난한 이들에게 베푸는 비용	- 의미 없이 만나는 자리 - 쓸데없는 시간 소모 - 남들에게 과시용으로 사용하는 비용

앞으로 10년을 내다보기 위해 1년과 3년은 매우 중요한 이정표가 된다. 누구나 계획을 세우다 보면 모든 것을 다 잘하고 싶은 욕심 때문에 이것저것 손을 대는 경우가 많다. 그 결과는 잘 알 것이다. 그 어떤 것도 제대로 하기 어렵다.

멀티 스위칭은 우선 하나의 일을 제대로 된 전문가 수준으로 높여 놓는 것부터 시작한다. '10년의 법칙'이란 말처럼 최소 10년 동안은 전력을 다해야 한 분야의 전문수준의 지식을 쌓을 수 있다. 유사한 두 가지 분야를 동시에 하게 되면 절반으로 줄 수도 있기 때문에 1년, 3년의 계획은 매우 중요하다.

10년 후의 내 모습을 향해

10년 후를 예측한다는 것은 분명히 무리다. 하지만 최소한 내가 앞으로 다가올 기회를 잡는다는 차원에서 꼭 필요한 일이다. 앞으로 20년이 지나면 내가 한 일보다 하지 않았던 일에 후회할 것이라는 마크 트웨인의 말처럼 우리는 후회하지 않은 삶을 살아야 하기 때문이다.

최소한 기술 혁신분야에서만큼은 앞으로의 시대를 예측할 수 있기 때문에 이를 잘 살펴봐야 한다. 기술의 혁신은 기존의 속도보다 훨씬 빨라질 수밖에 없다. 그중에서도 메타버스분야는 지금의 10대들 중심으로 세대 간에 또는 국가와 인종의 경계를 넘어 세계 곳곳에 확산되고 무한히 발전할 가능성이 높다. 사람들이 비대면에 익숙해지면서 우리는 온라인 강의가 오프라인 문화를 상당히 바꿔 놓을 수 있다는 것을 깨닫게 되었다. 익명성과 가상공간에 자리 잡기를 원하는 사람들에게 메타버스 세계는 또 다른 영역으로 자리매김할 것이다.

사람들은 결국 '멀티 스위칭을 하는 또 다른 공간'을 영위하게 될 것이다. 사람들은 현실과 가상 세계를 아주 쉽게 활용하면서 멀티형 활동을 하게 될 것이다. 지금의 가상 현실과 증강 현실이 앞으로 급속하게 발전하게 되면 삶의 방식도 상당히 변화할 가능성이 크다. 글로벌 SNS 기업 '페이스북'이 얼마 전 회사명을 '메타'로 바꾸면서 사람들의 삶의 방식이 크게 바뀔 것을 예고한 것과 일맥상통한다.

블록체인기술은 어떻게 될까? 앞서 설명한 가상 세계의 서비스들 또한 블록체인에 기반한 암호화폐기술이 적용된다. 이 블록체인기술은 그동안 국가가 영위했던 제한된 기술을 탈중앙화로 처리하기 때문에 파급효과가 상당할 것으로 여겨진다. 개방형 체계에서 사람들이 거래하고 상호 검증하는 절차가 모두 연결된다면 기술의 속도는 무시하지 못할 정도로 빠르게 진화할 것이다.

기술의 진화를 내가 통제할 수는 없다. 하지만 미래 시대에 처한 상황에서 내가 대처할 방법은 존재한다. 그것이 바로 대비가 필요한 이유다. '자신의 가치를 어떻게 부각시키냐!'가 가장 중요한 열쇠다. 나는 IT와 엔지니어링을 전공하고 대학원에서는 경영학을 전공했다. 한 분야에서 공부한 사람들과 달리 나는 해외생활을 13년간 해 온 덕분에 글로벌 마케팅분야에서는 나를 대략 소개해도 알아주는 사람들이 많이 있었다.

하지만 미국 실리콘밸리와 유럽, 중동의 교차로 터키 그리고 아프리카에서 살아 본 값진 경험을 나만 알고 있기는 아쉬운 면이 존재했다. 그래서 책을 썼다. 그 후부터는 책을 통해 사람들이 내 이야기를 접하고 생생한 간접 경험을 할 수 있게 되었다.

앞으로의 10년은 자녀와 함께하는 시간을 더 보내면서 가난한 이들에게 선행을 조금 더 하고 싶다. 2021년 8월에 출간한 단독 저서인 『실리콘밸리의 시간』을 내며 조금이나마 아프리카 수단에 도움이 되었으면 좋겠다 싶었다. 비록 구상하는 데는 십수 년이 걸렸지만, 수단에 근무하며 정말 어려운 상황에서 책을 냈다. 너무나도 가난한 사람들, 심지어 우리 사무실을 지켜 주는 경비까지도 세 끼를 걱정할 정도로 낙후된 곳에서 내가 조금이나마 보탬이 되고 싶었다.

책이 출간되고 첫 분기 인세를 받았다. 정말 소중한 적은 돈이었지만 수단 경비원의 가족이 아파 제대로 병원비를 내지도 못한 터라 지갑에 있는 돈을 모두 털어 직접 손에 쥐여 주었다. 며칠 후 그 경비원은 직접 내 사무실로 찾아와 닥터 김 덕분에 아이가 나았다고 연신 감사하다며 인사를 했다. 늘 선량한 미소의 그에게서 한동안 찾아볼 수 없었던 웃음을 다시 보니 이것이 바로 '행복'임을 느꼈다. 앞으로의 10년은 행복을 계속 느끼며 살아갈 것이다.

저자소개

김재우 KIM JAE WOO

학력
· 산업공학, 컴퓨터시스템 학사
· 경영학 석, 박사

경력
· 코트라 부장
· 이비즈니스학회, 관세학회, 통상정보학회 이사
· 전) 단국대 외래교수

자격
· 경영지도사
· 생산성 경영시스템 심사원

저서
· 『인생 2막 멘토들』, 렛츠북, 2020.(공저)
· 『4차 산업혁명 시대 AI 블록체인과 브레인경영』, 브레인플랫폼, 2020.(공저)
· 『창업과 창직』, 브레인플랫폼, 2020.(공저)
· 『미래 유망 기술과 경영』, 브레인플랫폼, 2021.(공저)

· 『실리콘밸리의 시간』, 브레인플랫폼, 2021.

수상
· 서울벤처정보대학교총장 표창(2010)

· 대통령자문 국가경쟁력강화위원장 표창(2010)

· 지식경제부장관 표창(2012)

· 국무총리 표창(2019)

기타
· 네이버 인물검색 참조

제7장

인생 2막을 위한 직장생활

· 김형선 ·

인생 2막을 위한 직장생활

1) 직장은 학교다

대다수의 사람은 직장이란 곳에 소속돼서 생활에 필요한 돈을 벌어가고 있다. 짧게 다니는 경우도 있지만 20년 넘게 한 곳에서 직장생활을 하는 경우도 많다. 한 사람이 제일 건강하고 머리도 제일 잘 돌아가는 인생의 황금 시기의 대부분을 직장 내에서 보내고 있는 것이다. 따라서 이 황금 시기를 어떻게 잘 활용하는가는 앞으로의 인생에 엄청난 영향을 미치게 된다.

초, 중, 고, 대학생 시절은 공식적으로 배우는 시기로 지정되어 있기에 당연히 많은 학습을 해야 한다고 생각하는 반면, 직장이란 곳이 배우는 곳이라는 인식은 아직 약하다. 아쉽게도 직장에 대한 인식은 아직까지 단순히 돈을 벌기 위한 장소로 생각하는 경우가 많은 것이 현실이다. 흔히 학교는 돈을 내고 필요한 지식을 배우는 곳, 직장은 돈을 받고 회사에서 필요한 것들을 내가 제공하는 곳으로 이야기를 한다.

본인이 어떻게 생각하느냐는 자유이지만, 인생에 있어서 가장 건강하고 머리가 좋은 황금 시기를 단순히 직장에서 필요로 하는 지식을 제공하는 것만으로 보낸다면 너무나도 아깝지 않은가? 조금만 관점을 달리해 보면 돈을 받고 회사에 필요한 것을 제공하면서도 이전 학생 시기처럼 충분히 많은 지식을 배울 수 있다. 학생 시절에는 항상 돈이 부족했지만, 직장은 배움을 위한 자금까지 주어지니 더욱더 마음 편하고 열정적으로 학습에 몰두할 수 있는 시기이다.

직장이란 곳은 잘만 활용하면 더할 나위 없이 적합한 교육을 받을 수 있는 장소가 될 수 있다. 이른바 학교라 칭할 수 있는 것이다. 물론 어린 나이에 배우는 내용에 대한 흡수력이 더 빠르므로 이론적인 공부에 대해서는 효율이 떨어질 수 있을 것이다. 하지만 직장인은 본인의 필드에서 실제 일어나는 업무를 직접 눈으로 보고 처리해 가는 과정을 실시간으로 체험하고 있다. 따라서 학습한 것을 실무에 바로 적용해 볼 수 있다는 측면에서는 학생 때에 비해서 압도적인 습득력을 가질 수 있다.

대학교까지는 전공이 정해져 있더라도 미래의 방향성이 정해지지 않은 상태에서의 학습이므로 굉장히 폭넓은 이론적인 배경을 배운다. 하지만 직장생활을 하며 학습을 할 경우에는 정말 본인의 업무 영역에 직접적으로 연관되고 바로 사용해 볼 만한 지식 위주로 학습이 가능하기 때문에 학습의 시너지 효과가 공식적인 학생 신분보다 엄청나게 커지게 된다. 여기까지의 내용을 읽고 나면 이제 직장생활을 하며 학습을 하기 위한 충분한 동기 부여가 됐을 것이라 생각한다. 다음 순서는 어떤 방법을 통해 학습을 할 수 있는지에 대해 알아보겠다.

첫 번째로 직장에서 본인이 맡은 주 업무에 대해 능동적으로 대응하면 다른 사람들 비해 더 많은 지식을 쌓을 수 있게 된다. 본 장의 필자는 연구소에서 설계 업무를 담당 중이다. 당연히 내가 해야 하는 주 업무 영역은 제품을 문제없이 설계하는 것이다. 하지만 나에게 주어진 업무 영역만 처리하고 만다면 내가 얻을 수 지식에는 한계가 있을 수밖에 없다. 업무를 진행하며 실무적인 지식 외에 좀 더 깊게 파고들어서 기존에 존재하는 이론적인 학문과 결부 가능한 각종 지식들에 대해 따로 찾아서 공부를 하고 차근차근 정리해 나가다 보면 수동적으로 본인 업무 영역을 처리하는 경우보다 훨씬 더 많은 학습을 할 수 있게 된다.

물론 학자나 교수님들의 이론적 깊이를 절대 따라갈 수는 없을 것이다. 다만, 직장에서 실무자가 정리한 이론 내용은 실무와의 연계성이 매우 높다. 책 속의 이론이 아닌 실제현장과 직결되는 이론을 찾는 사람들에게는 굉장히 유용한 지식이 될 수 있다. 필자는 이러한 실무와 연계된 이론적 내용의 학습을 통해 조직 내에서 인정도 받고 관련 교재 및 영상 강의까지 만드는 좋은 기회를 얻을 수 있었다.

물론 이 과정에서 내가 담당하는 해당 제품에 대한 누구보다 더 전문적인 실무 이론 지식을 머리에 담아 가는 좋은 기회도 됐다. 또한, 명확히 존재하지 않던 담당 제품의 특정 설계 기준 관련 고민을 하던 중 통계에 관심을 가지게 되고 이를 기반으로 각종 통계 지식도 공부하여 설계 기준을 제시한 경험도 있다. 좀 더 알아보니 해당 통계 지식이 품질경영기사와 연관됐음을 알고 공부를 진행하며 추후 자격증도 따게 되는 계기가 됐다.

본인의 업무를 깊게 탐구하는 것은 당연히 본인의 커리어뿐만 아니라 회사에서도 매우 좋아하는 태도일 것이다. 개인의 발전을 더 중시하는 세대는 MZ 세대라고들 하는데, 사실 이런 개인의 발전을 회사와 어떻게 연계할 수 있는지 충분히 고민이 이루어진다면 누구보다도 직장에 많은 이득을 줄 수 있는 세대가 중년 세대가 아닌가 싶다.

두 번째로 규모가 큰 직장에서는 각종 교육을 지원해 준다. 많은 수의 사람들은 이러한 교육을 단순히 업무에서 벗어나 리프레시를 할 수 있는 기회로 생각하고 있으나, 사실 이러한 교육 중에서 본인의 관심사 및 흥미에 적합한 내용이 있을 경우, 수업이 끝난 뒤에 개별적으로 추가적인 공부를 하며 해당 분야의 전문가가 되기 위한 초석으로 삼을 수 있다.

회사에서 지원해 주는 교육은 실무와 직접적으로 연관 있는 내용이 다수이므로 굉장히 실용적인 교육이 많다. 필자의 경우도 'TRIZ'라는 교육을 받은 뒤 본인의 관심 및 흥미에 매우 적합함을 느끼고, 개인적으로 공부도 진행하고 더 나아가 해당 분야의 유명한 교수님을 찾아가 파트 석사과정까지 진행했다.

개인적으로 대학생 학부 시절에는 전혀 대학원 진학의 생각이 없었다. 심지어 학부 연구생이라는 신분으로 몇 개월간 대학원생활을 사전 경험도 해 보았으나 정확히 나의 관심사가 정해지지 않은 상황에서는 대학원생활을 해 나갈 자신이 없었다. 하지만 회사에서 배운 내 관심사와 연관되는 대학원생활은 내가 직접 정보도 찾아보고 교수에게 따로 연락을 드려 찾아갔을 만큼 적극적이었다. 당연히 풀타임으로 대학원을 다니는 것 비해서는 배움의 한계가 있었다. 그러나 내가 학습한 내용을 직장 실무현장에서 제대로 적용할 것이라는 명확한 목표를 잡고 학습을 한다는 실질적 유용성 관점에서는 직장인의 파트타임 대학원 공부도 부족할 것이 없다는 생각이다.

　석사생활을 하며 TRIZ 관련 해외 유명 학회에서 발표도 하고 관련된 전문가들 인맥도 쌓을 수 있었다. 또한, 이러한 관심을 기반으로 문제 해결 방법론이라는 자체에도 관심을 가져 많은 공부를 진행했고, 관련하여 사내외에서 큰 상도 받을 수 있었다. 더 나아가 TRIZ보다 더 상위 개념인 문제 해결 방법론 관련해서 많은 연구를 하신 교수님을 찾아가 파트 박사과정을 진행하며 후속 공부를 진행 중이다. 단순히 리프레시용으로 넘길 수 있던 회사 교육 하나가 몇 년 뒤 전혀 다른 커리어와 경험을 쌓게 해 주는 시발점이 된 것이다.

　마지막으로 사내 스터디도 좋은 기회다. 큰 기업의 경우 사내 스터디 지원 제도가 있어 비용적인 부담이 없이 많은 학습을 할 수 있다. 그런 지원 제도가 없더라도 본인 주변에 자신의 실무 영역과 유사한 인원들을 모아서 스터디를 진행해 보자.

　대학생활 중에도 많은 스터디를 진행해 보았을 것이다. 하지만 직장 내 스터디 모임이 대학 시절 대비 훨씬 효율적인 부분들이 존재한다. 같은 업무를 하며 인생 2막에 대한 고민을 하는 사람들은 관심 있는 주제에도 연관성이 높기 때문에, 관심을 가지는 학습 내용도 유사할 것이다. 공통의 목적을 가진 집단만큼 효과적인 스터디 모임은 없을 것이다. 필자의 경우도 담당하는 아이템 설계 업무 시 효율적 지원 도구 방법에 대한 스터디를 진행하였고, 아이디어 중 하나로 나온 챗봇 관련 내용을 구성원들과 스터디하며 실제로 챗봇을 만들고, 해당 내용을 업무 지원할 수 있는 도구로 발전시켜 회사 내에 수평전개를 시켰다.

챗봇을 만들며 소프트웨어를 개발하는 지식도 쌓을 수 있었고 내가 만든 챗봇을 유용하게 사용하는 팀원들을 보며 매우 뿌듯했다. 당연히 인생 2막에서도 나의 콘텐츠를 더욱더 돋보이게 할 수 있는 차별적인 요소로 충분히 활용할 수 있을 것이다.

여태까지 직장을 학교처럼 활용할 수 있는 3가지 방법을 소개했다. 주 업무에 대한 깊은 공부, 사내 교육 활용, 사내 인원 활용 스터디 모임 구성 이 3가지는 모두 특별할 것이 없는 방법이다. 지금 당장에라도 독자분들이 마음만 먹으면 바로 실행할 수 있는 것들이다. 중요한 건 방법이 아니라 본인의 마음가짐이다. 부디 인생 2막을 위해 좀 더 적극성과 능동성을 가지고 직장생활을 하기 바란다.

거듭 말하지만, 이것은 인생 2막에도 도움이 되지만 당장에 직장생활에서도 긍정적 피드백을 얻을 수 있는 활동들이다. 독자분들이 인생 2막과 직장생활 둘 다 챙기는 노련한 직장인이 되길 기대해 본다.

2) 직장은 인생 2막 아이템 시험 장소다

본인 관심이 생기는 분야에 대한 공부가 어느 정도 진행됐다면, 이제는 부담 없이 회사의 여러 분야에 적용해 보고 공부한 내용이 실제 업무에서도 제대로 돌아가는지 확인하며 시험해 보자. 사실 자신의 관심 분야를 교육받는 것은 꼭 사내 시스템을 이용하지 않아도 받을 수 있다. 다만, 본인의 아이템이 정말 현장에서 잘 돌아가는지를 확인할 수 있는 것은 실제 일하는 직장인만이 가능하다. 그렇다고 해서 마구잡이 식으로 적용해 보는 것이 아니라, 실제 회사의 업무 성과를 올리는 방향으로 본인이 배운 지식을 회사에서 다양하게 활용해 보는 것이 핵심이다.

만약 본인이 배운 지식이 정말 유용하다면 당연히 회사 내 다양한 분야에서 기존 대비 많은 성과를 내는 데 도움이 될 것이다. 이것은 비단 본인만의 콘텐츠의 효용성을 확인하는 것을 넘어서서 회사에서도 굉장히 유익한 현상이다.

요즘 MZ 세대들은 개인주의적 성향이 강하고 회사에 충성을 하는 세대가 아니라고 많이들 말하는데, 그렇다고 해서 회사 성과에 기여할 수 있는 부분이 없는 것이 아니다. 오히려 본인의 삶을 발전시키고자 하는 욕구는 기존 세대보다 훨씬 강하기 때문에, 이렇게 본인의 콘텐츠를 사내에 적극적으로 적용하고 발전하는 방향으로 유도하면 매우 긍정적인 결과물을 얻어 낼 수 있을 것이다. 이러한 과정을 통해 구성원은 본인이 생각했던 방향에 관해서, 결과물을 통해 실제 효용성을 확인할 수 있기 때문에, 좀 더 객관적으로 본인만의 콘텐츠 가치를 확인할 수 있다.

직장에서 효용성을 확인하는 것의 최대 장점은 실패해도 리스크가 없다는 것이다. 만약에 본인이 생각하는 콘텐츠를 사외에서 시도해서 실패하면 금전적 측면에서 부담이 생기지만, 사내에서 시도하고 실패할 경우 본인의 이미지가 하락하는 손해는 있을 수 있으나, 나 자신의 자금이 들어간 것은 아니기 때문에 좀 더 안전한 측면이 있다. 그리고 실패를 하더라도 하나의 선행 사례로 남아 다른 조직원들에게 정보로 남기 때문에 부정적으로만 생각할 부분은 아니다. 필자도 사내에서 제공하는 TRIZ 관련 교육을 받고 많은 흥미가 생겨 여러 방법론을 집중적으로 공부하였고, 실제로 회사 업무 관련 아이디어를 할 때 다양한 방식으로 이용하여 보았다.

이러한 도전을 바탕으로 81건의 특허 및 디자인 출원을 진행하였고, 실제 제품에도 적용해 좋은 효과를 보고 그 내용을 기반으로 해외 학회에도 발표를 진행하였다. 이런 경우 나의 창의적 문제 해결 방법론 공부 내용은 유용성이 증명됐다고 할 수 있다. 그뿐만 아니라, 사내에서 진행하는 아이디어 경연대회에서도 우수한 성적도 많이 거두었다. 문제 해결 방법론을 통해 본인이 속한 회사 전체에서 최우수 사례로 뽑히기도 하고 아이디어 공모전에서 우수상을 받은 이력도 있다. 이 콘텐츠들을 나중에 인생 2막에서 사용해도 다른 사람에게 많은 도움이 될 것이라는 자신감이 생겼고, 회사에서 적용해서 나온 결과물은 나중에 나의 이력에도 많은 도움이 될 수 있다는 것을 느꼈다.

이외에도 사내 인원과 자발적인 스터디 모임을 통해 나온 지식들도 여러 가지로 시험해 볼 수 있다. 특히 사내 교육보다도, 좀 더 주제가 다양하므로 좀 더 범위가 넓은 시험도 가능하다. 필자의 경우도 사내에서 업무 효율화 TOOL 개발 스터디를 하던 중 챗봇을 이용해 업무를 효율적으로 진행해 보자는 아이디어가 나와 관련된 스터디도 하고 실습도 진행하였다. 생각해 보면 연구소에서 챗봇이 얼마나 이용될까 싶기도 하지만, 최종적으로 업무에 필요한 법규를 쉽게 확인할 수 있는 챗봇을 개발해 팀 내 구성원들에게 수평전개도 하고 좋은 평가도 받을 수 있었다.

주제가 실제 업무와 거리가 멀어 보이더라도 잘만 이용하면 충분히 업무에 도움이 되는 콘텐츠로 개발할 수 있으니, 시야를 좀 더 넓게 가지고 다양한 분야의 스터디를 하고 실제 만들어서 시험도 진행해 보는 경험을 하면 좋을 것이다.

자격증이야말로 본인의 인생 2막에 큰 도움이 될 것인데, 자격증 공부를 하며 배운 지식을 본인의 실제 업무에 적용을 한다면 실제 자격증 취득을 위한 면접시험에도 도움이 될 것이다. 필자의 이야기는 아니지만, 주변에는 품질관리기술사 자격증을 획득할 때 배운 품질 학습 지식을 실제 업무에 적용해 그동안 없던 설계 기준도 수치화 근거를 만들어 내는 등의 활동을 한 후, 최종 해당 자격증 취득 면접시험 시 해당 활동을 언급하여 많은 도움이 됐다고 이야기하는 분이 있었다. 필자도 그러한 것에 자극을 받아 그 뒤를 이어 공부를 진행하고 있다. 이처럼 실무에 적용하는 것은 실제로 자격증 취득 등에 적용 사례가 필요할 때도 유용하게 활용될 수 있다.

결론적으로, 회사라는 리스크 없는 시험 장소에서 다양한 공부 지식을 활용 시도해 보자. 결과가 좋지 않아도 본인 돈이 나가지 않으며, 심지어 좋은 결과물을 내면 회사에서 인정을 받아 승진도 빠르게 진행되고, 부가적인 상금도 받고, 자격증 취득에도 도움이 된다. 이런 설명을 들어 보면, 회사가 최고의 인생 2막 아이템 시험 장소라는 말에 부정하는 이가 없을 듯하다.

3) 사내 우물 안 개구리를 벗어나 보자

직장 내에서 많은 교육을 받고, 그를 통해 회사 안에서 좋은 성과를 내기도 하면서 본인의 콘텐츠에 대한 시험도 해 보면, 결국 본인에게 최적이면서도 실제 업무에 통하는 하나 이상의 무기를 찾아내게 될 것이다. 물론 여기까지만 진행해도 나중에 인생 2막이 다가왔을 때 살아 나갈 수 있는 원동력은 찾아낸 것이다. 실제로 이 과정까지 성공하는 사람은 많지 않다.

그렇다고 해서 여기서 만족하면 안 된다. 회사에서의 경쟁 상대는 사내 인원일 뿐이며 진정한 경쟁은 사외에서 진행되는 것이다. 직장 내에서 아무리 인정받는 우수 인재더라도, 외부에서 통하기 어려운 가장 큰 이유는, 회사에서는 회사에서 제공하는 훌륭한 외부 인프라 기반으로 본인의 콘텐츠를 진행하기 때문이다.

예를 들어, 직장 내에서 많은 혁신 아이디어를 만들어 내고 특허도 많이 낸 사람이 직장 밖에서도 그렇게 할 수 있을까? 회사에서 제공하는 사내의 우수한 지적 재산권 관련 전문가, 사외에서 별도 비용 지불 없이 협업하는 변리사, 특허 진행 시 필요한 모든 비용을 지불해 주는 회사 지원이 빠진다면 과연 마음 편하게 당장 현실화되기 어려운 창의적인 아이디어를 낼 수 있을까? 즉, 직장 밖에서도 본인의 콘텐츠를 마음껏 펼치기 위해서는 콘텐츠에 도움을 줄 수 있는 많은 전문가와의 연결고리가 필요하다. 그럼 이런 연결고리는 어떻게 만들 수 있을까?

다양한 학회를 참여하여 적극적인 의사소통을 통해 연관 분야 전문가들과의 인연을 만드는 것도 방법이고, 석박사 등의 대학원과정을 통해서 유사 주제 관련하여 피드백과 지원이 가능한 교수님이나 같은 관심사를 가진 타 분야 직장인들과의 인맥을 만드는 것도 좋은 방법이다. 이러한 과정을 통해 우물 안 개구리가 되지 않기 위한 다양한 외부 연결고리를 구축해 나가는 것이다. 앞 단계들과도 비슷하지만 이러한 작업은 단순 인생 2막에 도움이 되는 것뿐만 아니라 회사생활에도 도움이 된다. 직장 내에서 여러 가지 프로젝트를 할 때 본인만의 자문단이 생기는 개념이다.

연결고리를 만드는 것 외에도 중요한 것이 있다. 직장 내에서 우수한 평가를 받은 것들에 대해 다시 사외의 험난한 정글에서 좋은 평가를 받기 위한 경쟁을 해 본다. 보안적으로 문제가 될 것은 당연히 제외하고, 회사에서 철저히 확인을 받은 뒤 사외에 콘텐츠를 내놓는 것을 꼭 염두에 두자. 사내에는 우수한 인원이 많지만, 타성에 젖어 도전하지 않고 정체된 인원들도 상당히 많다.

이러한 조직 내에서 본인의 콘텐츠가 우수한 평가를 받은 것은 물론 정말 뛰어난 결과물일 가능성도 있지만, 실제로 시도 자체를 한 것에 높은 점수를 받아 좋은 평가로 여겨질 가능성이 크다. 즉, 사외에서 봐서는 아무것도 아닌데, 회사 안에서 혼자 뿌듯해하고 만족감에 취해 있을 수 있다는 것이다. 따라서 설사 현재 결과물이나 콘텐츠가 조금 부족하더라도 사내의 결과물을 사외에도 내놓고 경쟁해 본다. 여기서도 좋은 결과가 나온다면 그건 정말 외부에서도 통하는 것이다. 이러한 과정에서 수상의 이력이 쌓인다면 더할 나위 없는 본인 콘텐츠 공인 인증서가 생기게 된다.

다수의 외부 이벤트에 도전해서 외부 공인 이력을 만드는 것에도 관심을 가져 보자. 자격증을 취득하는 것과 비슷한 논리이다. 필자는 트리즈 결과물을 이용해 사외 전국 트리즈 경진대회에서 최고상이 대상도 받고, 챗봇 역시 창업 및 방법론분야에 적용해 외부에 소개해 보기도 했다.

하지만 꼭 성공한다는 보장은 없다. 아마 대부분은 실패할 것이다. 이런 실패 경험은 매우 중요하다. 자신을 객관화해서 볼 수 있는 아주 중요한 기회기 때문이다. 특히 이런 실패과정에서 외부 심사원이 주는 냉철한 피드백 역시 본인에게 피가 되고 살이 된다. 필자 역시 사내에서 우수한 평가를 받은 논문을 외부 학회지에 올리는 과정에서 굉장히 많은 지적을 받았다. 하지만 이러한 비판은 돈 주고도 사는 것이라는 필자 생각이다. 사내에서 받기 어려운 아주 유익하면서도 예리한 비판들을 본인이 잘 흡수하고, 다음번 콘텐츠에는 이것을 반영시켜 좀 더 완성도 있는 콘텐츠를 만든다면, 인생 2막의 성공에 훨씬 더 가깝게 다가갈 수 있을 것이다.

다시 한번 본인에게 물어보자. 사내에서는 확실한 전문가 되었는가?

그렇다면 수많은 고수가 치열한 전투를 벌이고 있는 사외로 나아가 보자. 직장에서 많은 실패를 하고 경험을 쌓을수록 인생 2막에서 더 효율적으로 성공으로 나가기 위한 밑거름이 된다. 물론, 회사 소속이 아니면 고수들에게 패배하는 것이 심각한 손해를 일으키겠지만, 회사 소속으로 경쟁을 하면 져도 아무 손해가 없고 심지어 이기면 공인된 경쟁력을 가지게 되고 심지어 회사에서도 칭찬을 받고 좋은 사례로 남는다.

4) 100세 시대, 퍼스널 브랜딩만이 답이다

오랫동안 휴가를 떠나 본 적이 있는가? 누구나 일을 하지 않고 쉬는 것에 대한 막연한 환상을 가질 것이다. 최근 파이어족 열풍 역시 이와 무관하지 않을 것이다. 하지만 실제로 장기간 쉬는 경험을 해 보면 아무런 스트레스 없이 즐기기만 하는 것이 계속 행복감을 주는 것은 아니다. 물론 처음에는 행복하지만 좀 지나면 무료해지기 마련이다. 인생이란 적절한 스트레스와 생산적인 활동이 결합된 휴식을 즐겨야만 행복감을 느낄 수 있다. 실제로 스트레스 자체가 나쁜 것이 아니며 좀 더 발전하고 인생을 충실히 사는 데 도움이 된다는 연구 결과도 많이 있다.

여기서 휴가는 길어야 한 달 정도를 의미한다. 하지만 은퇴를 하면 어떻게 될까? 단순한 몇 개월의 휴가가 아니다. 인생 2막을 제대로 준비하지 않은 사람들은 아무런 일이 없는 상태에서 몇십 년을 살아야 하는 것이다.

정말 끔찍하지 않은가? 이제 60세를 나이가 들었다고 생각하지 않는다. 60대, 70대가 되더라도 여전히 건강하고 많은 일을 할 수 있는 가능성이 있는 나이인 것이다. 만일 준비 없이 노년에 접어들고 회사 퇴직 후 별도의 일거리가 없다면 몇십 년간 무료한 인생을 보내야 한다. 이런 끔찍한 일을 막기 위해서라도 한 살이라도 어릴 때 직장 이후의 삶을 생각하고 준비해 나가야 한다.

몇 년 전 어떤 젊은 교수님의 강의에서 들었던 이야기가 기억난다. 교수가 정년 보장돼서 좋은 곳이라고 생각할 수도 있는데, 본인은 60살 그 젊은 나이에 정년이 끝난 뒤에 몇십 년간 어떤 일을 할지 항상 고민이라고 하셨다. 그 순간 많은 생각이 뇌리를 스쳐 지나갔다. 사실, 교수라는 직업은 자타공인 엄청난 안정성이 보증된 자리이다. 본인의 연구를 하고 학생을 가르치며 살면 별일 없이 정년을 채우고 나오는 대표적인 전문직종 중 하나이다. 하지만 그런 곳에 속한 사람들조차 100세 시대를 생각하며 다양한 활동을 하려고 노력을 하고 있었다.

요즘 들어서야 많이 나아지긴 했지만, 대부분 사기업은 정년이 100% 보장된다고는 말하기 힘든 것이 사실이다. 더욱더 노력을 해야 할 사람들은 오히려 직장이 주는 안정적인 월급과 나태함에 빠져 하루하루를 도전하지 않고 사는 경우가 많은데, 안정적인 곳에서도 법적으로 정해진 정년 이후의 삶을 고민하며 노력을 하고 있다는 사실이 기억에 남았다.

비교적 정년 보장이 어려운 직장인이 아니더라도, 100세 시대가 되는 초고령화 시대에서는 인생 2막에 대한 고민을 항상 하고 있어야 한다.

준비 시기는 나이에 구애받아서는 안 된다. 오히려 한 살이라도 젊을 때 미리 고민하고 방향성을 잡는 게 매우 유리하다.

젊은 나이일수록 인생 2막에 대한 빠른 방향성 설정을 통해 다양하고 질이 높은 경력이 쌓일 가능성이 크다. 특히 실질적인 업무를 경험할 수 있는 직장인의 경우 더 유리하다. 학문 위주의 공부를 해 온 사람들에 비해 더 실질적인 이야기를 많이 알고 있고, 이 부분은 여러 사람에게 매력적인 콘텐츠가 될 수 있기 때문이다.

특정 방향성을 설정하게 된다면 그러지 않았으면 무의미하게 넘겼을 수많은 경험을 본인의 방향성에 맞게 잘 가공하고 정리해 나갈 수 있다. 관련된 이론적인 공부와 경력까지 쌓아 온 실무 위주의 직장인들이라면 회사에서 나와도 수많은 영역에 도전할 수 있다. 물론 시간의 여유가 있는 한 최대한 희소성 있는 고급 자격증 획득을 하는 것이 가장 확실한 방법이며 필자 역시 계속 도전해 나가는 중이다.

위의 내용과 비슷한 이야기를 수많은 사람에게 강의하고 있다. 다만 필자는 본인이 정말 그러한 노력을 현재진행형으로 수행하고 있는 사람 입장에서 본인의 실제적인 사례와 결부시킨 내용을 많이 전달하고자 하였다. 이를 통해 좀 더 설득력이 있는 내용이 되고 틀림없이 누군가에게 새로운 길을 생각할 좋은 기회가 됐다고 생각한다.

마지막으로 '만다라트'라는 한 가지 방법론을 공유하고자 한다. 필자 역시 본인이 살아가고 있는 여러 가지 이력들이나 배운 것들을 이 툴을 통해 정리해 나가고 있다. 일반적으로 총 9개의 큰 테이블이 있고 각 테이블의 중심에 제일 중요한 주제를 적어 넣은 뒤 그 주변 칸에 연관되는 하위 항목들을 정리해 나가는 방식인데, 이렇게 정리하면 본인이 어떤 이력을 쌓아 나가고 어떤 공부를 해 나가고 있는지 한눈에 파악하기 쉽기 때문에 본인의 방향성 설정 시에 매우 유리하다.

아래 예시는 필자가 창의적인 방법론을 배우고 이것을 실제로 업무에 적용하며 효과적이었던 내용들을 정리해 본 것이다. 이렇게 정리하면 나는 어떤 방법론을 주로 사용하고 있는지와 효과적이었는지 쉽게 알 수 있으며 나중에 인생 2막에 나가서 콘텐츠로 삼을 후보군에 대해 효율적으로 고민해 볼 수 있다. 필자의 경우를 본다면 TRIZ와 연관된 방법론을 제일 활발하게 사용하고 그중에서도 아이디어 도출 및 기술 진화 분석에 관련된 내용에서 많은 효과를 얻을 수 있었다. 본인들의 콘텐츠에 대해 이런 식으로 정리하며 간단히라도 방향성을 설정해 보길 바란다.

키워드 만다라트 분석_자동차 램프 광학 분야 방법론 활용 사례 분류 — TRIZ 방법론

공감	Say, Think, Do, Feel	여정 지도	기능 모델링	Function ranking		CECA	MECE	
Extreme user	디자인 씽킹			요소 분석			원인 분석	
Point of View	How might we	Story Board						
			디자인 씽킹	요소 분석	원인 분석	완전한 시스템 방향성	ANA	BNA
린캔버스	린 방법론		린 방법론	창의적 방법론	기술진화분석	Macro to Micro 미시방향	기술진화분석	
			블루오션	서비스 디자인	아이디어도출	Dynamization 동적방향	Supersystem 전이 주변 동화	
			디자인씽킹 중복			Feature Transfer	Trimming	물리적 모순 시공간분리
	ERRC	블루오션		여정 지도	서비스 디자인	Function Orienter Search	아이디어도출	기술적 모순 40가지 발명 원리
				Story Board	Extreme user	Standard Solution	Scientific database	Clone problem

144

저자소개

김형선 KIM HYEONG SEON

학력
· 한양대(서울) 기계공학부 졸업
· 한국산업기술대학교 산업기술경영대학원 기계설계공학부 석사과정 졸업
· 한양대학교 일반대학원 경영컨설팅학과 박사과정 재학 중

경력
· 대기업 연구소 책임연구원 재직 중
· 초, 중학교 창의성 및 진로 컨설턴트

자격
· Matriz TRIZ Level 3
· 품질경영기사
· 6시그마 Green Belt
· 창의학습지도사

수상
· 2016 현대자동차그룹 전계열사 대상 문제 해결 방법론 적용 사례 최우수상
· 2018 현대자동차 IDEA FESTIVAL '수소자동차 활용 아이디어' 우수상

· 2019 현대자동차 IDEA FESTIVAL '히든 램프 활용 아이디어' 우수상
· 2020 한국트리즈협회 전국 TRIZ 경연대회 대상

· 제8장 ·

소중한 내 인생, 늦었다고 포기할 수는 없다

· 최재영 ·

신(新)중년이 무엇이지?

1) 신(新)중년의 대한 이해

나는 한국폴리텍대학 정수캠퍼스 그린에너지설비과에서 신중년과정을 담임하고 있다. 아직 40대 초반인 내가 그들을 상대하기에는 경험도 부족하고 여러 가지 염려되는 점이 많았다. 그러나 여러 가지 사정상 내가 할 수밖에 없는 상황이라 먼저 신중년이 무엇인지 알아보기로 했다. 고민 끝에 검색을 해 보니 여러 가지 정보가 있었다. 그런데 연관되어 검색되는 것이 '중장년', '청장년'이라는 말이 있다. 이 용어들을 정확히 알아야 '신중년'이 가진 명확한 의미를 알 수 있을 것이다.

구분	정의
청장년	20~30대에 해당하는 청년과 30~40대에 해당하는 장년인 사람을 총칭한다.
중장년	50~64세에 해당하는 중년과 주로 40대에 해당하는 장년인 사람을 총칭한다. 청장년과 다르게 표준어는 아니므로 주의. 그리고 나이 순서도 맞지 않아서 부자연스럽다.
신중년	55세 이상인 사람을 고령자, 65세 이상인 사람을 노인으로 칭해 왔으나, 이런 명칭이 '은퇴한 사람'이라는 부정적 이미지가 강하다. 따라서 활동적이고 자립적인 생활인으로서의 의미를 담아 5060세대(50~69세)를 신중년이라는 명칭으로 새롭게 규정하였다.

'청장년'과 '중장년'이 나이에 대한 구분이라면 '신중년'은 활동적이고 자립적인 생활인이라는 나이를 초월한 거룩한 의미가 있다고 볼 수 있다. 다시 말해서 신중년은 주된 일자리에서 퇴직(50세 전후)하고 재취

업 일자리 등에 종사하며(72세) 노후를 준비하는 과도기 세대(5060세대)를 말한다. 노동시장에서 은퇴해야 하는 연령대로 인식되는 경향이 있는 고령자나 노인을 대신해 활력있는 생활인이라는 긍정적 의미를 담은 정책용어로 활용되고 있다.

2018년 기준 우리나라 신중년 세대는 1,415만 명이다. 전체 인구 중에서 신중년(50~69세)이 차지하는 비중은 2017년 27%에서 지속적으로 증가하여 2021년에는 30%를 넘어서 2026년에는 32.2%를 차지할 것으로 전망된다.

평균연령이 늘어난 지금의 시대에서는 신중년은 활력 없이 인생을 마무리하는 세대가 아니라 적극적으로 인생을 시작하는 세대인 것이다. 신중년 세대는 치열한 경쟁을 이겨 내며 지금껏 살아왔다. 그러면서 쌓인 내공과 인생에 대한 통찰력, 그리고 높은 의료수준과 자기관리로 건강도 좋다. 인생을 살아가면서 많은 경험도 했고, 새로운 걸 배워서 일을 할 만큼 젊은 세대인 것이다.

요새 젊은 사람들은 '파이어족'이 되고 싶은 사람이 많다. 파이어(Fire)족이란 '경제적 자립'(Financial Independence)을 토대로 자발적 '조기 은퇴'(Retire Early)를 추진하는 사람들을 일컫는다. 자발적 조기 은퇴와 강제적 은퇴는 어감도, 인생을 대하는 관점에서도 이전과는 다르다는 것을 알 수 있다. 타인보다는 나의 가치를 더욱더 인정하는 흐름이다.

프랑스의 작가 앙드레 모루아는 말했다. "바쁜 사람에게는 나쁜 버릇을 가질 시간이 없는 것처럼 늙을 시간이 없다."고. 그렇다! 사람은 무위도식할 수가 없게 설계가 되어 있다. 무위도식하는 사람은 늙어서가 아니라 무위도식하기 때문에 늙는 것이다. 신중년 세대 역시 자신을 사랑하고 자신의 가치를 더욱 발휘하면 좋겠다.

2) 경제적 이익보다는 나를 필요로 하는 곳을 찾자

90살의 나이로 역사상 가장 나이 든 미국의 대법관이었던 올리버 웬들 홈스 주니어는 "아무렇게나 사는 40살보다는 일하는 70살의 노인이 더 명랑하고 더 희망이 많다."고 하였다. 그는 1902년부터 1932년까지 미국 연방 대법원의 대법관을 역임했는데 대법관으로 활동하는 동안 간결하고 함축된 의견과 선출된 입법기관의 결정에 대한 존중으로 유명했으며, 역사상 가장 많이 인용되는 대법관이기도 하다. 죽기 3년 전까지 대법관으로 일을 하다가 1935년에 생을 마감했다. 자신의 모든 능력과 가치, 신념을 사회에 영향을 다하고 갔다.

이는 신중년에게 걸맞은 이야기이다. 어떻게든 자신의 가치를 찾고 이것을 사회적으로 가치를 인정받는 노력을 끊임없이 해 보는 것이다.

사람은 전성기라는 게 있다. 어릴 적 배운 지식으로 제1의 전성기를 보냈다면, 정년을 다하고 배운 지식을 통해서 '제2의 전성기'를 보낼 수 있다. 자신의 전성기를 사회에 맡기지 말고 자신에게 맡겨 보는 것은 어떠한가? 내가 잘하고 자신 있는 분야를 후배들에게 전수할 수 있는 제도를 이용하거나 능력에 따라서 직접 컨설턴트에 도전해 보는 것도 한 방법이다. 경험은 귀중한 것이다. 돈으로 살 수가 없기 때문에 사람들은 지혜를 빌리기 위해 컨설팅을 받는 것이다.

세계에서 제일 위대한 작가 중 한 명인 러시아의 소설가인 레프 톨스토이는 "나이가 어리고 생각이 짧을수록 물질적이고 육체적인 삶이 최고라고 여기는 법이며, 나이가 들고 지혜가 자랄수록 정신적인 삶을 최고로 여기는 법이다."라고 하였다.

이런 지혜를 바탕으로 맞이하는 새로운 직업은 내가 소멸되는 존재가 아니라 성장하는 존재라는 생각을 가지게 해 준다. 더불어서 정신적인 영양분도 채워 줄 수 있다고 생각이 된다. 직업을 단순히 경제적 관점에서만 바라보지 말고 자아실현의 관점에서도 봐야 한다. 제2의 인생은 경제적 관점보다는 나를 원하는 곳으로 취업하는 게 맞다.

3) 나를 찾는 곳이 없으면 필요한 사람이 되자

영국의 시인 T.S. 엘리엇은 "50대와 70대 사이의 20년간은 인생에서 가장 고달픈 시기다. 그 연대에서는 많은 요청을 받지만 그렇다고 그것을 거절할 만큼 충분히 늙은 것도 아니기 때문이다."라고 말했다. 이처럼 은퇴한 사람의 마음을 잘 표현한 말도 없는 것 같다.

그렇다. 늙은 나이가 아니기 때문에 무언가를 도전하여 세상에 필요한 사람이 되도록 하자. 제2의 인생을 시작하는 데에는 기술직에 종사한 분들은 수월할 수도 있다. 나이가 들어서도 할 수 있는 '감리'분야에 종사하기도 하고 근무했던 곳보다 조금 작은 업체에 임원으로 근무하기도 한다.

그러나 전체 인구 구성을 보면 그러한 사람은 많지 않다. 대부분 우리 이웃에 있는 아버님, 또는 삼촌이다. 이런 분들은 제2의 인생을 시작하기가 어려울 수 있다. 그럴 때는 나라에서 지원하는 중장년, 신중년 관련 교육을 이수하는 것도 방법이다.

폴리텍대학에서 운영하는 신중년과정 학생들의 구성을 보면 다양하다. 기업체 임원 출신, 은행 지점장, 증권회사 지점장, 교장 선생님, 사업가, 공무원 등 여러 분야에서 전문가로 활동하다가 제2의 인생을 시작하고자 입학을 한다. 대부분 취업을 간절히 원하고 있다. 청년층 취업과는 다르게 조건보다는 본인들이 일을 할 수 있는 곳이면 가고 싶은 분들이다. 그들이 경제적으로 어려운 것도 아니다. 아직 사회의 구성원으로 더욱 활동하고 싶은 열망이 있어서이다. 이런 분들은 삶에 대해 애착을 가지고 있다.

예수회 신부이자 17세기 스페인의 가장 중요한 모럴리스트 작가 발타사르 그라시안은 "나이를 먹을수록 세상을 바라보는 분별력과 삶에 대한 애착이 깊어지는 것이다."라고 하였다. 이처럼 세상을 바라보는 분별력과 삶의 애착을 잘 이해하고 있다면 값진 삶을 살 수 있을 것이다.

솔개는 가장 장수하는 조류로 알려져 있다. 최고 약 70년의 수명을 누릴 수 있다. 그러나 장수가 그냥 얻어지는 것이 아니다. 왜냐하면 솔개는 약 40살이 되면 발톱이 노화하여 사냥하기 어려워지기 때문이다. 또한, 부리도 길게 자라고 구부러져 불편하게 되고, 깃털이 짙고 두껍게 자라 날개가 매우 무겁게 되어 날기가 어려워진다.

 이렇게 되면 솔개에게는 두 가지 선택이 있다. 첫 번째는 죽을 날을 기다리는 것과 다음으로는 약 반년에 걸친 매우 고통스러운 과정을 거쳐 발톱, 부리, 깃털을 갱생시키는 것이다. 갱생의 길을 선택한 솔개는 먼저 부리로 바위를 쪼아 부리가 깨져서 빠지게 만들면, 서서히 새로운 부리가 돋아난다. 그런 다음 부리로 발톱을 뽑아낸다. 발톱이 돋아나면 마지막으로 날개의 깃털을 뽑는다. 반년이 지나면 솔개는 완전히 새로운 모습이 된다. 그리하여 30년의 수명을 더 누리는 것이다. 여러분들도 솔개처럼 고통스러운 시간을 거쳐서 다시 날아오를 수 있을 것이다. 사람도 마찬가지이다. 솔개도 하는데 사람이 못 할 것 없다.

 독일의 작가이자 철학자인 괴테는 "무언가 큰일을 성취하려고 한다면, 나이를 먹어도 청년이 되지 않으면 안 된다."고 하였다. 이렇게 본인을 개혁하는 과정에서 얻어지는 것이 하나의 가치를 창출할 수 있고 더욱 경쟁력을 가질 수 있다고 확신한다.

 고대 그리스 시인인 아이스킬로스는 "아무리 나이를 먹었다 해도 배울 수 있을 만큼은 충분히 젊다."고 하였다. 사람이 배우려고 한다면 그 생각만으로도 충분히 젊어지고 적극적이 된다는 것이다. 늙음은 지적 활동이나 생산적활동이 멈추는 시기가 아닌가 싶다. 늦었다고 생각하지 말고 가치 있는 일, 또는 좋아하는 일을 통해 나의 가치를 창출하자.

여태껏 세상에서 나를 찾았다면 이제는 세상에 맞춰서 내가 찾아가 보자. 그에 대한 방법으로 직업교육이 있다. 정부에서도 직업에 대한 많은 지원사업이 있어 잘 찾아보고 활용해 보면 도움이 많이 될 수 있다. 특히 내가 강의하고 있는 '한국폴리텍대학'에서는 이런 과정이 많이 개설되어 있어 자신이 원하는 과정을 선택해서 수강할 수가 있다.

직업교육을 공부하는 학생들을 보면 학위과정 학생들보다 열정적이다. 가르치는 입장에서도 신중년 학생들이 나이 든 사람이라는 생각이 한 번도 들지 않는다. 미국의 작가 토마스 베일리 알드리치는 "주름이 생기지 않는 마음, 희망에 넘치는 친절한 마음과 늘 명랑하고 경건한 마음을 잃지 않고 꾸준히 갖는 것이야말로 노령을 극복하는 힘이다."라고 하였다. 우리는 인생을 이렇게 꾸준히, 적극적이고 긍정적으로 사는 게 중요하다.

4) 한 번뿐인 인생 남에게 베풀자

발타사르 그라시안은 "20대에는 욕망의 지배를 받고, 30대는 이해타산, 40대는 분별력, 그리고 그 나이를 지나면, 지혜로운 경험에 지배를 받는다."고 하였다. 신중년들이 바로 지혜로운 경험을 바탕으로 세상에 다시 기여를 할 수 있는 것이다.

가장 활성화된 제도로는 '대한민국산업현장교수' 제도가 있다. 산업현장에서 오랜 경험과 지식을 축적한 우수기술·기능인력을 국가 핵심인력으로 활용함으로써 산업현장의 기술력 단절을 방지하고 기업 및 국가의 경쟁력을 높이며 기술·기능인력에 대한 사회적 인식을 개선하고자 하는 좋은 제도이다. 분야도 기술과 기능, 기업 인적자원개발분야로 구분되어 문과 전공자도 지원할 수가 있다.

기업에 대한 진단 및 기술, HRD 컨설팅, 각 기업에 적합한 훈련 설계, 현장 훈련지도, 기술 특강 등을 통해 학교 또는 직업훈련기관에 대한 현장실습 기업 발굴 및 현장 실습 지도, 특강 운영 등을 기술 지원 및 컨설팅에 소요되는 모든 비용은 국가에서 부담하며 신청 기업 또는 학교 여건에 따라 가능한 시간 및 시기에 대한민국산업현장교수와 협의하여 지원이 가능하다.

퇴직한 후에 컨설팅을 통해 자신의 경험을 공유하고 전수하는 것도 큰 의미가 있다는 생각이 든다. 거기에 보수도 받을 수 있으므로 컨설턴트라는 직업을 가져 보는 것도 좋을 것이다. 자라나는 세대에게도 좋은 귀감이 될 것이며 나라에 활력을 다시 한번 일으킬 수 있는 좋은 방향성이 될 것이라고 확신한다. 남에게 베풀었더니 나에게도 이익이 발생한다. 정부에서도 이를 잘 인식하고 많은 지원 방안을 마련하고 있다.

또한, 남을 가르치고 싶은 사람은 참고하면 좋을 텐데 직업훈련교사라는 자격이 있다. 교육부에서 하는 교사가 아니라 노동부에서 주관하는 자격이라고 보면 된다. 직업학교 등 설립요건에도 필수이므로 앞으로 활용이 유망하리라고 생각이 된다.

특히 최근에는 신중년 교직훈련과정이 개설되어 만 40세 이상 70세 미만(1951~1980년생) 고숙련자(대한민국명장, 기능한국인, 국가기술자격기술사·기능장 또는 경력 7년 이상)로 근로자직업능력개발법 관련 직업능력개발훈련교사 자격기준 중 교직훈련과정에 해당하는 자는 신중년 교직훈련과정에 지원하여 교육을 받을 수 있다. 사회가 신중년 세대에 대한 관심이 많다는 걸 알 수 있다.

5) 한 번뿐인 인생 다양한 경험을 해 보자

우리 사회는 학창 시절에 공부를 잘하면 공직에 진출하거나 아니면 대기업에서 임원이 되는 등 출세를 하기 바란다. 다른 사람이 바라는 삶을 살고 난 후에 남은 나의 삶은 허무할 수도 있다. 내 인생을 살지 않고 남의 인생을 살았기 때문이다. 이제부터라도 스스로 개척하는 삶을 살도록 하자. 70살까지 월급을 받으면서 살 수 있는 축복을 누리려면 먼저 본인이 바뀌어야 한다.

대기업 임원으로 퇴직하신 분이 퇴직을 준비하면서 박사 학위를 취득하여 '산업협력중점교원'으로 시작을 하셨다. '산학협력중점교원'은 꼭 박사 학위가 있어야 하는 것은 아니다. 사회경험이 채용에 크게 영향을 미친 것이다. 각 대학은 취업에 대한 경험과 사회경험이 많은 인재를 채용하여 기존 교수자와는 다른 성과를 얻고자 하고 있다. 연구중심보다는 실무중심으로 학교도 변화가 필요하기 때문이다.

또 다른 대기업 명예퇴직자는 실업계 고등학교 출신이다. 좋은 회사에 다닐 때는 몰랐지만, 퇴직하고 나니 학력과 자격증이 없어 재취업에 대한 벽이 높다는 걸 알게 되었다. 그래서 실업자훈련과정에 입소하여 수료를 하고 건물시설관리업체에 취업을 했다. 처음에는 열악한 환경에 하루가 멀다 하고 전화를 해서 하소연을 해서서, 조금 버티면서 다른 기회를 찾아보라고 권유를 드렸다. 근무하시면서 소방분야 관련자격증을 취득하고 현재는 건설현장에서 소방감리로 제2의 인생을 시작했다. 얼마 전 연금 지급 시기를 늦추었다고 연락이 왔다. 너무 뿌듯했다.

그리고 은행에서 지점장님까지 하시다가 퇴직하신 분은 과정을 이수하고 현재 공조냉동 시공 업체에서 근무하신다. 평생 실적 압박에 시달리면서 힘들게 직장생활을 하셨는데 기술분야는 본인 할 일만 하면 자신의 시간이 주어진다고 너무 흡족해하셨다. 평생 해 왔던 일을 연속적으로 하면 더 좋겠지만 새로운 도전을 통해 제2의 인생을 개척하고 인생을 더욱 폭넓고 다양하게 사는 것도 좋을 것이다.

영국의 철학자인 프랜시스 베이컨은 "젊은 시절에는 하루는 짧고 1년은 길다. 나이를 먹으면 1년은 짧고 하루는 길다."라고 했다. 그렇다! 청년과 중년과 노년의 시간은 다르다. 결심을 미루면 시간은 너무 빨리 지나가고 아무도 찾지 않는 사람이 될 수도 있다. 이럴수록 미리 계획을 하고 받아들일 부분은 받아들이고 준비할 것은 준비하여 새로운 인생을 개척하자.

신중년 관련 정부정책 및 지원사업

1) 인생 3모작 기반구축 계획

정부는 2017년 6월 일자리위원회에서 마련한 「일자리 100일 계획」에 따라, 같은 해 8월 「신중년 인생 3모작 기반구축 계획」을 마련했다.

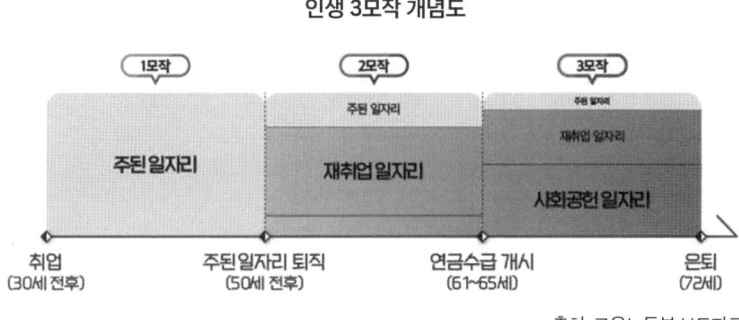

출처: 고용노동부 보도자료

2) 신중년 인생 3모작 기반구축 계획 10대 과제

(1) 신중년 인생 3모작 기반구축 계획 10대 과제

① 신중년 인생 3모작 패키지 신설

- 중위소득 초과 신중년에게도 '생애 설계-훈련-취·창업'을 일괄 제공(One-Stop)하는 취업성공패키지형 서비스를 보편적으로 제공

※ '취업성공패키지'는 2021년부터 '국민취업지원제도'로 변경

② 전직지원 서비스 의무화(대기업), 찾아가는 서비스 제공(중소기업, 산단 등)
- 심리상담, 생애경력 설계, 직업훈련, 취업알선 등 맞춤형 지원으로 비자발적 퇴직자의 원활한 직장 이동 지원

③ 신중년 특화훈련 확대
- 직업능력진단 프로그램 개발·제도화('18년), 거대자료(빅데이터) 기반 경력 컨설팅 프로그램 구축('19년), 폴리텍 신중년 특화 캠퍼스 지정·운영(7개 캠퍼스 12개 학과 선정)
※ 인력수요가 많은 수도권과 지역거점 캠퍼스를 중심으로 접근성 고려해 선정(서울 정수, 서울 강서, 남인천, 대구)

④ 신중년 적합직무 고용창출장려금 지급
- 신중년 적합직무를 개발하고, 신중년 적합직무에 신중년을 신규 고용하는 사업주에게 고용창출장려금 지급(월 최대 80만 원 수준, 1년 지원)

⑤ 세대융합형 기술창업 확대
- 세대융합 창업기업에 기반부터 사업화 일괄 지원(세대융합센터, 6개소), 기존 시니어 기술창업센터(25개소)를 세대융합형으로 운영

⑥ 재창업 패키지 확대
- 특화·비생계형 업종으로 전환을 희망하는 소상공인 대상으로 교육, 컨설팅, 정책자금 등 연계 제공('17년 2,500명 → '18년 3,500명)

⑦ 체류형 귀농·귀어·귀촌 지원 확대
- 가족단위 거주와 현장실습이 가능한 체류형 농업창업 지원센터('17년까지 8개소), 체류형 귀어학교('18년까지 3개소) 확충

⑧ 귀농·귀어·귀촌인과 지역주민 상생 지원
- 지역의 전문가와 귀농·귀어·귀촌인 연결해 농어업기술 전수, 지역주민과 함께 상생할 수 있는 어(漁)울림마을(20개소) 조성

⑨ 자원봉사 저변 확대
- 사회문제 해결형 활동 프로그램 개발, 재능기부도 자원봉사의 영역으로 포함, 맞춤형 일감 연계 서비스 구축

⑩ 신중년 인프라 통합·연계
- 경로별 온라인 서비스 연계 강화, 거대정보(빅데이터)를 활용한 자동 일자리 연계 시스템 구축('19년 말), 고용복지+센터에 신중년 전문 서비스 창구 개설

출처: 고용노동부 보도자료

3) 신중년 일자리 확충 방안

(1) 일자리 창출계획

① 신중년 일자리사업 확대
- 신중년 경력형 일자리사업 신설
- 신중년 지역산업 맞춤형 일자리 창출
- 자치단체 주도형 신중년·고령자 일자리사업 확대
- 사회 서비스형 일자리사업 강화(지역아동센터 학업지도, 장애인 거주시설 활동 보조 등)
- 신중년 유통·행정분야 전문인력 지원 확대
- 장년 인재 창업기업 후원자(서포터즈) 확대
- 신중년 귀농·귀어·귀산 지원

② 신중년 특화훈련 강화
- 신중년 직업훈련교사 양성과정 신설
- 폴리텍 신중년 특화캠퍼스사업 확대

③ 민간일자리 지원
- 신중년 적합직무 고용장려금 확대와 신중년 적합직무 대상 확대
- 금융권 신중년 퇴직인력 채용과 전직 지원 강화
- 민관협업 사회적 경제기업 재취업 프로그램 운영
- 정년 이후 계속 고용 지원

4) 신중년 일자리 지원사업 안내

(1) 신중년 적합직무 고용지원사업

전문성을 활용해 신중년이 노동시장에 다시 진입하는 데 적합한 직무를 찾아내고 지원함으로써 신중년들이 좋은 일자리에 재취업할 수 있도록 하는 사업이다. 신중년의 기존 경력 전문성을 활용할 수 있는 직무, 중단기 교육·훈련을 통해 노동시장 재진입이 용이한 직무, 신규 생성 직무 중 다른 세대에 비해 신중년의 업무 수행이 적합한 직무를 신중년 적합직무로 선정한다.

2018년 55개 직종에서 2019년 소분류와 세분류 혼합 70개 직종(세분류 213개 직종)으로 확대됐다. 지원예산도 2018년 86억 원에서 2019년 273억 원으로 늘었다. 주된 일자리에서 퇴직한 신중년이 자신의 경력과 전문성을 살릴 수 있는 직업에 더 빨리 재취업할 수 있도록 지원을 강화한다.

2021년에는 4차 산업혁명에 따라 향후 수요가 증가해 신중년들이 다양한 경력·전문성을 활용할 수 있거나 직업훈련 후 재취업이 쉬울 것으로 보이는 디지털·환경분야 직무 20개를 추가로 선정했다. 또한, 인구구조·관련시장 확대 등으로 구인 수요가 확대되고 있는 장례지도사·애완동물 미용사 등 9개 직무를 추가 발굴해 신중년 구직자들의 원활한 재취업을 지원할 예정이다.

◇ 지원 대상: 만 50세 이상 구직자를 신중년 적합직무에 채용한 우선지원대상

기업 및 중견기업

◇ 지원 내용: 근로자 1인당 최대 우선지원대상기업 월 80만 원, 중견기업 월 40만 원의 인건비 지원(최대 1년, 3개월 단위로 지급)

◇ 지원요건:

	회차별 지원액(3개월 단위)	연간 총액
우선지원 대상기업	240만 원	960만 원
중견 기업	120만 원	480만 원

- (채용요건) 정규직 채용(근로 기간의 정함이 없는 무기계약)
- (고용유지) 3개월 이상 고용 유지 시 지원금 지급
- (지원한도) 사업장 직전 보험 년도 말일 기준 피보험자 수의 30%

◇ 신청 방법: 온라인(www.ei.go.kr) 및 관할 고용센터(방문·우편)

(2) 신중년 사회공헌활동 지원사업

지식과 경력을 보유한 만 50세 이상 만 70세 미만 신중년 퇴직자가 지역 비영리단체, 사회적 경제기업, 공공·행정기관 등에서 경력을 활용한 사회공헌을 할 수 있도록 실비를 지원하는 사업이다. '사회공헌활동 지원사업'에 참여하는 각 지자체는 지역 내 신중년 전문인력의 경험을 교육, 복지, 생활 서비스 등 지역 현안과 접목해 다양한 성과를 거두고 있다.

◇ 지원 대상:

- (참여자) 만 50세 이상 만 70세 미만 퇴직전문인력

  * 해당 분야 경력 3년 이상 또는 전문 자격 소지자

- (참여기관) 비영리 단체·기관, 사회적기업, 공공기관 등

◇ 지원 수준:

- 식비·교통비 등 실비 및 활동 수당 지급

- 1일 평균 1만9천 원(5시간 기준), 1인당 연간 최대 182만4천 원

  * (참여수당) 2천 원/시간, (활동 실비) 교통비 3천 원/일, 식비 6천 원/일

◇ 참여 시간: 월 최대 120시간(연간 최대 480시간 이내)

◇ 참여 방법: 신중년과 참여기관은 워크넷(www.work.go.kr)을 통해 신청 가능

(3) 신중년 경력형 일자리사업

만 50세 이상 만 70세 미만의 퇴직전문인력이 지역사회에 서비스를 제공하는 일자리에 참여할 때 인건비를 제공하는 신중년 경력형 일자리 사업을 신설해 2019년부터 운영하고 있다. 신중년의 지역사회 역할 강화 및 민간일자리로의 재취업을 지원한다.

◇ 지원 대상:

- (참여자) 만 50세 이상 만 70세 미만 퇴직전문인력

  * 해당분야 경력 3년 이상 또는 전문 자격 소지자

- (참여기관) 비영리 단체·기관, 사회적기업, 공공기관 등

◇ 지원 수준: 최저임금 이상의 급여 및 4대 사회보험, 주휴수당 등 각종 수당 제공

◇ 참여 시간: 주 15시간 이상 주 40시간 이하(세부사업에 따라 상이)

5) 정책 추진 성과

(1) 고용안정

◇ 고령자고용지원금을 통해 고령자 고용안정 지원

- 60세 이상 근로자를 업종별 지원기준율을 초과해 고용 시(고용 기간 1년 이상) 1인당 분기 27만 원 지원('20년 30만 원, '20년까지 한시 지원)

(2) 재취업 지원

◇ 장년 근로시간 단축지원금 지급대상 확대

- 지원금 지원사유를 기존 사업주 중심에서 교육·훈련, 질병, 간병 등 근로자 개인사유도 포함해 재취업 사전준비 지원

◇ 신중년 재취업 지원 서비스 의무화

- 2020년 5월부터 1,000인 이상 기업에게 50세 이상 비자발적 이직 예정자 대상 재취업 서비스 제공의무 부여

- 2021년부터 재취업지원 서비스 시행 기업 대상 컨설팅, 담당자 연수, 프로그램 보급 등 무료 서비스 제공을 통한 재취업지원 서비스의 활성화 지원

◇ 다양한 전직 지원 서비스 마련

- 고용장려금 지급대상인 신중년 적합직무를 74개('18.1월)에서 213개로 확대('19.2월), 디지털·환경분야 직무 등 29개 추가('21년)

- 생애경력 설계 서비스 이용자격을 50세 이상 재직자에서 40세 이상 재직자·구직자로 확대('18년)

- 폴리텍 신중년 특화과정 개설(신중년 대상 숙련기술을 습득할 수 있는 6개월 장기과정 개설, 맞춤형 훈련 제공)

(3) 사회참여 지원

◇ 퇴직자 사회공헌 지원 확대

- 퇴직인력이 사회적 기업과 비영리단체 등에서 사회공헌활동 시 수당 지급

참고문헌

1. 「그라시안의 삶의 지혜」, 발타자르 그라시안, 서울(동녘), 1993.
2. 「올리버 W.홈즈(법학교양총서 12)」, 최종고, 교육과학사, 1992.
3. 「우화(寓話)경영」, 정광호, 매일경제신문사, 2005.4.
4. 「중소 ICT건설기업 조직원의 셀프리더십이 심리적 임파워먼트 통하여 조직시민행동과 조직 신뢰에 미치는 영향」, 최재영, 황찬규, 디지털산업정보학회 논문지, 2019.
5. 「중소건설기업 종사자의 성격5요인이 심리적 임파워먼트와 셀프리더십에 따른 조직시민행 동에 미치는 영향」, 최재영, 서울벤처대학원대학교, 2020.
6. 「2020 신중년 인생3모작 우수사례집」, 2021.4.
7. 「신중년 인생 3모작 설계지원 안내서」, 대통령직속 일자리위원회, 2018.12.
8. 「신중년 교직훈련과정」,한국기술교육대학교 능력개발교육원, 리플렛, 2020.
9. 「HRD 동향지」, ebook, 고용노동부, 2018.9.
10. 2021년 경력형 일자리 지원사업 운영지침(http://www.moel.go.kr)
11. 고용보험 홈페이지(http:// www.ei.go.kr)
12. 대한민국 정책브리핑(http://www.korea.kr)
13. 마이스터넷 홈페이지(https://meister.hrdkorea.or.kr/)
14. 백세시대(http://www.100ssd.co.kr)
15. 한국기술교육대학교 능력개발교육원, 홈페이지(https://hrdi.koreatech.ac.kr/)

저자소개

최재영 CHOI JAE YOUNG

학력
· 서울벤처대학원대학교 융합산업학과 박사
· 서울과학기술대학교 에너지시스템공학과 석사

경력
· 현) 한국폴리텍대학 정수캠퍼스 교수
· 전) 세종대학교 건축과 겸임교수
· 전) 유한대학교 건축설비공학과 시간강사
· 경기도건설본부 기술자문위원회 위원
· 파주시 건축심의위원
· 수도권매립지 기술자문설계심의분과위원
· 경기도교육청 시민감리단
· 강원도교육청 교육시설자문위원

자격
· 공조냉동기계기술사
· 건축기계설비기술사
· 소방설비기사(전기)

· 소방설비기사(기계)

· 공조냉동산업기사 등

수상

· 행정안전부 장관상(2021)

· 유선호 국회의원 감사상(2009)

· 유선호 국회의원 표창장(2007)

― 제9장 ―

당신의 10년 후는 안전한가?

· 김솔규 ·

들어가며

우리가 상상하던 사이버틱한 미래가 어느덧 일상으로 다가왔다. 코로나로 인하여 좀 더 빠르게 다가온 경향이 없지 않다. 점점 사람의 일자리가 줄어들고 있는 것을 티브이 광고만 봐도 느낄 수가 있다.

AI로 인하여 사람이 하지 않고 인공지능이 식당예약을 하거나 반자율주행운전으로 사람보다 차가 먼저 앞차와의 거리를 확인하고 속도를 조절하는 경우가 생겨났다. 애플리케이션이나 키오스크로 주문을 받으며 사람이 대면으로 주문을 받지 않고, 전화로 하지 않아도 되는 시대가 왔다. 해외에서는 로봇이 배송을 하는 시행 연습도 하였다. 기술적인 부분에서도 로봇이 하고 사람이 마지막 확인 작업을 하는 등의 최소한 투입이 시도되고 있다. 이제 자신의 시간만 써서 돈을 버는 일자리는 10년 후를 볼 수 없다. 자신의 취미와 재능을 SNS, 마케팅을 통해 구축해 놓아야 한다.

10년 전 만 해도 100세 시대라는 기사가 앞다투어 나왔다. 시간이 흐르고 어느새 이제는 120세 시대라는 보도가 나온다. 날이 갈수록 수명이 길어지면서 이미 2000년대에 미국 앨라배마대학교 교수가 수명 150세에 내기를 하기도 했다. 수명연장에 따라 은퇴 후 노후생활에 대해 20~30년의 이야기를 했지만, 이제는 배 이상의 노후를 생각해야 한다. 하지만 지금 당장 당신의 10년 후는 안전한가?

이 책은 그에 대한 하나의 정리 노트이다. 한 장 한 장 읽어 보고 자기만의 것으로 만들다 보면 10년 후의 당신만의 미래가 그려질 것이다.

'나'라는 브랜드를 만들어라

평생 현역이라는 말이 생겨났다. 이제 자신이 선택한 분야에서 자기만의 브랜드를 만들어 놓아야 한다. 브랜딩은 다양한 방법으로 만들고 유지할 수 있다.

유명 연예인만 네이버에서 검색되던 시대는 지났다. 이제는 한 분야에서 유명해진 일반인들도 등록된 프로필이 뜨기 시작한다. 이제는 자기만의 분야를 만들고, 사람들이 그 브랜드를 검색하게 해야 한다.

1) 자신만의 검색어를 만들어라

먼저 자기만의 검색어인 '나만의 브랜드'를 정하는 것부터 시작해야 한다. 소규모 프로젝트 기업처럼 작은 인원으로도 하나의 기업으로 인정되다 보니, 이제는 1인 기업이 뜨고 있다. 각자 자신만의 재능이나 능력을 강화하여 남들과는 다른 자신만의 이미지를 통해 하나의 브랜드를 구축한다. 한마디로 나만의 가치창조를 하고 있다.

좀 더 자세히 들여다보면 자기 PR을 검색할 수 있게 브랜드를 만들어

내는 것이다. 예를 들면 책을 전문적으로 쓰고 코칭까지 한다고 하면, 책 쓰기 마스터, 책 쓰기 연구소, 책 쓰기 전문가, 책 쓰기 대표, 책 쓰기 디자이너, 책 쓰기 박사, 책 쓰기 코치 등 자신의 강점을 상품화할 수 있도록 만들어 내는 것이다. 자기만의 브랜드를 만들어 낸 후 검색이 되도록 해야 한다. 사람들이 찾고, 연관돼서 뜨게 하는 것이다.

이 방법은 SNS와도 연결되는데, 아이디 만들 때 자신만의 브랜드명을 넣는 것이다. 이는 브랜드명 자체로도 만들 수 있고, 주소를 계정으로 만들 수도 있다. 브랜드를 더 잘 읽히게 포인트로 '_'나 '.'을 넣어 아이디를 만들 수 있다.

검색어를 만들었으면 이제는 네이버 프로필에 대해 알아보자. 서로 서로 연결되어 있기 때문이다. 자신만의 책이 있다면 책의 후기, 작가를 검색하면 연관되는 후기 글이 모여 그 사람의 콘텐츠로 연결된다.

2) 네이버 프로필을 등록해라

자기만의 분야가 있다면 네이버 프로필 등록은 정말 쉽다. 본인이 설정한 분야에서의 데뷔, 수상, 작품 등을 링크와 함께 첨부하면 그것이 곧 인증이 된다. 나의 경우 시인으로 등단한 기사와 그동안 써 온 작품 링크를 첨부하여 데뷔 및 작품을 통한 작가로 바로 등록이 되었다.

'작가로 등록하면 책 쓰기로만 활동할 수 있는 거 아닌가요?'라고 궁금할 수 있다. 등록을 작가로 하여도 담당하는 분야는 책 쓰기만이 아니라, 경제(재테크), 학습, 요리, 자기계발 등 다양한 분야로 쏠 수 있다. 따라서 작가로 되어 있지만, 활동은 경제매니저, 요리 연구가, 학습 디자이너 등 본인의 선택에 따라 다양하게 활동할 수 있다.

책 쓰기가 아니어도 자기만의 분야에서 활동을 통한 등록은 가능하니 어렵다고 포기하지 말고 한번 자기만의 분야를 설정하고 제출해 보자.

3) 줌(ZOOM)을 통한 강의를 시작하라

코로나19로 인하여 줌을 사용하는 경우가 많아졌다. 국내에서는 주로 학교에서 아동, 청소년의 수업을 위해 사용하는 것으로 시작되었지만, 이제는 학생들뿐 아니라 성인들도 이를 통해 자신만의 강의를 하기 시작했다.

네이버에서 검색을 통해 확인해 보면 각 분야의 사람들이 줌 강의를 홍보하기도 한다. 유명한 강사와 1부, 2부로 나눠서 함께 강의하기도 하고, 유·무료 강의를 하기도 한다. 진행하는 강사 블로그의 이웃을 추가하거나, 강사 개인 카페에 가입하거나, 강의를 진행하는 강사의 오픈 카톡방에 들어가는 등의 특정 조건을 채우면 무료로 강의를 들을 수 있다.

강의를 하나의 홍보수단으로 사용한다. 책의 인세보다 강연비가 작가에게 들어오는 이윤이 커서 보통 한 권의 책을 낸 뒤 자기만의 브랜드를 만들고 강연계획을 세운다. 어느 정도 인지도가 있는 사람들과 연대하여 1, 2부로 나눠 강연을 하기도 한다.

초반에는 보통 무료로 가는 편이다. 유료라고 해도 1회 강의에 1~2만 원 수준인 저가의 강연으로 자신을 알리는 루트를 탄다. 이런 식으로 강연을 많이 하다 보면 후기가 쌓이고, 스킬이 늘어 몸값을 높여 준다고 한다.

꼭 책을 내지 않아도 자기만의 브랜드가 있다면 나는 시도하라고 말한다. 강연 계획을 세우고 특히 코로나19로 인한 비대면 강연인 줌이 대중화되어 사람들에게 강연의 문턱이 낮아졌을 때 기회를 잡고 도전해 보라고 말이다. 특히 초반의 무료강의를 통하여 자신을 무료로 홍보할 수 있으며 강의 실전연습도 할 수 있다. 코로나19가 언제 끝날지 모르는 이 상황에서 비대면 강의로 최대한 나를 홍보할 수 있는 기회를 놓치지 말자.

4) 크리에이터가 되어 나만의 영상으로 만들어 보자

유튜브가 대중화되지 않았을 적에 유명 BJ들이 아프리카에서 유튜브로 대거 이동하면서 유튜브 크리에이터 시장이 갑자기 커졌다. 이제는 다양하고 많은 유튜버들이 생겨났다. 강에 떠내려가던 강아지를 구조한 인절미(짱절미) 유튜버의 경우나, 도움을 요청하는 고양이의 집사가 되어 버린 매탈남 유튜버, 치매에 걸릴지 모른다는 두려움에 빠진 할머니를 위해 추억을 만들고자 영상을 제작하기 시작한 손녀 김유라님과 박막례 유튜버 등 연예인이 나와야 한다는 고정적인 생각을 깨 버리고 일반인들이 다양한 콘텐츠로 유튜브에 뛰어들기 시작했다.

꼭 특별한 콘텐츠로만 유튜브를 하는 것은 아니다. 자신의 일상을 담은 이른바 브이로그를 올리는 경우도 있다. 콘텐츠를 잡기 어려운 경우 자신이 자신 있는 것을 선택하면 된다. 요리, 만들기, 직관 등 다양한 종류가 있으니 자신 있는 것을 혹은 해 보고 싶은 것을 올려 보라고 나는 말한다.

요리의 경우 레시피 공유를 위한 영상을 올린다고 생각하면 쉽다. 레시피와 별개로 한국 고유 음식을 알리는 영상도 있다. 고유 음식이나 한국 고유의 정체성을 알리기 위한 영상은 유튜브가 직접 홍보하지 않아도 자연스럽게 사람들이 홍보해 주는 경우가 많다.

만들기의 경우 사람들이 학원을 가지 않고 집에서 도전해 보기 위해 자주 검색한다. 한참 주부들에게 유행했던 수세미 만들기나 아이의 옷 만들기부터 인형 옷 만들기까지 다양한 영상이 올려져 있다. 특히 코로나19의 영향으로 집에서 유튜브를 보며 무언가를 만들기가 유행으로 번졌다.

내가 알고 있는 유튜버 중 두 분이 생각이 나는데, 두 분 다 가정이 있고 유튜브를 하나의 취미이자 힐링으로 시작했다. 한 분의 경우 직장생활로 빠듯하면서도 틈틈이 자신이 고른 책을 읽어 주는 영상을 업로드 하였다. 나도 시간 날 때 듣기도 했다. 당시에는 지인들이 듣고 댓글을 달아 준다고 하였는데, 반년도 안 되는 사이 구독자 수가 100배가 넘게 늘었다. 몇천에서 몇십만의 조회 수까지 올랐다.

또 한 분의 경우 글씨체 연습을 하며 유튜브에 영상을 올리기 시작하였다. 2년 만에 유튜브와 인스타, 그리고 클래스 강의까지 많은 플랫폼에서 유명인이 되었다. 개인 책도 나왔다. 두 분 다 전문적인 영상편집이나 재료 없이 시작했다. 무료 편집 애플리케이션과 2만 원대의 거치대를 사용한 자연스러운 영상이 사람들을 더 모았고, 하나의 브랜드처럼 되었다.

유튜브 영상은 내용이 한정되지 않으니 자신이 자신 있는 내용으로 영상으로 만들어 보자. 영상이 꼭 전문가처럼 보일 필요는 없다. 오히려 따라 하고 싶은 사람들은 자연스러움을 통해 자신도 따라 도전해 보려는 욕구가 생긴다고 하니 일단 찍고 올려 보자. 유튜브는 일정 구독자 수가 되면, 등록을 하고 수입을 창출할 수 있다.

유튜버들이 실버버튼, 골드버튼을 인증하며 사람들은 수익을 위한 인정 구독자 수가 몇만 이상으로 진입 장벽이 높을 거라고 생각하지만, 유튜브 구독자 수는 최소 1,000명으로 생각보다 낮은 편이다. 취미로 혹은 힐링으로 거창하지 않게 시작해 볼 수 있다. 댓글을 보며 구독자와 소통도 하고 정보 공유도 받을 수 있다. 당신에게 수익과 즐거움을 더해 줄 것이다. 일단 도전해 보자.

Tip. 무료 배경음악

영상에 배경음악을 삽입할 수도 있지만, 저작권 등록이 된 음악을 사용하려면 절차가 어렵고, 수익의 문제도 생길 수 있다. 더욱 간단하게 무료 음원을 찾기 위해서는 'No copyright music, copyright free music'을 검색하여 사용하면 된다. 매번 검색하기 번거로운 사람들은 'Audio Library - Music for content creators' 'Vlog No Copyright Music' 채널을 구독을 하면 된다.

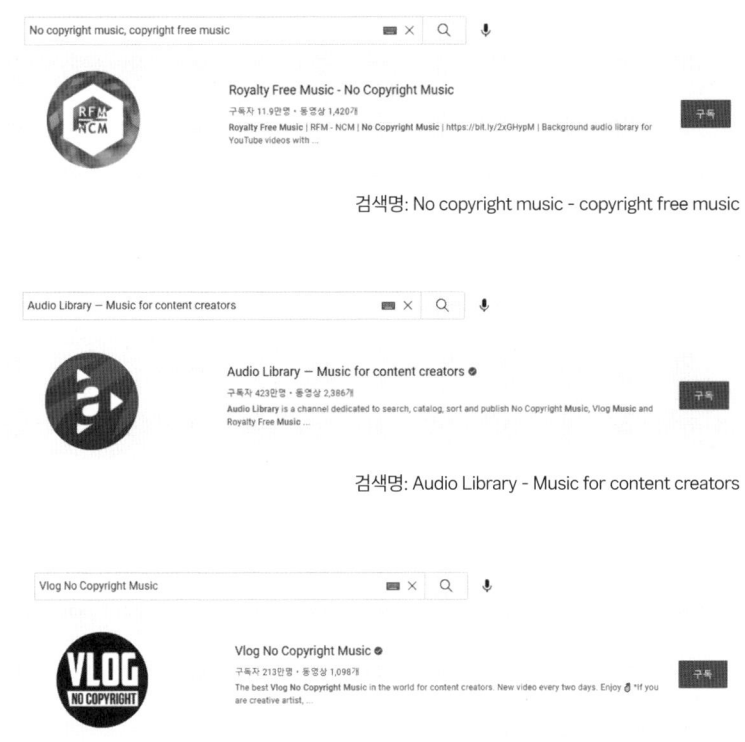

검색명: No copyright music - copyright free music

검색명: Audio Library - Music for content creators

검색명: Vlog No Copyright Music

즐기기만 하던 취미로
이윤까지 연결해라

황금알 취미라는 말처럼, 이제는 취미로만 끝나는 게 아니라 수익이 나도록 연결을 한다. 다양한 플랫폼이 있지만 크게 클래스101, 이모티콘, MD를 이야기할 수 있다.

앞서 유튜브를 이야기하였으니 이어서 클래스101 이야기를 안 할 수가 없다. 자신만의 특성으로 유튜브에서 어느 정도 구독자 수가 생긴 경우 '클래스101'라는 플랫폼으로 연결되는 경우가 종종 있다.

1) 취미를 이젠 강의까지 연결해 보자

자신의 취미를 강의한다고 생각하면 어떨까? 이 경우는 특히 자신만의 SNS가 있을 경우 추진에 탄력을 받을 수 있다. 유튜브나 인스타그램, 블로그의 구독자 수가 도움이 된다고 한다. 유튜브를 꾸준히 올리다 보면 어느 한 영상이 뜨면서 대박이 날 수가 있다.

내 주위 직원분도 취미로 시작한 유튜브로 구독 수가 없어도 꾸준히 올렸는데, 어느 날 한 영상이 대박 나면서 몇 달 사이에 100명대에서 이제는 만 명이 넘는 구독자가 있는 유튜버가 되었다. 조바심을 내지 않고 천천히 하다 보면 유튜브뿐 아니라 다른 SNS도 늘릴 수 있으니 천천히 계속해 보라고 말하고 싶다.

클래스101를 준비하고 있는 지인이 있어 그 과정에 대해 들을 수 있었다. 담당자 미팅과 수요조사 후 확정이 될 경우에 영상을 찍어 업로드하면 자연스럽게 자신의 홍보와 수익을 창출할 수 있게 된다. 내가 사는 지역에서는 청년을 위해 클래스101을 이용할 수 있는 서비스가 있어 평소 관심 있던 클래스를 수강했다. 미션을 통해 포인트를 쌓을 수도 있고 댓글을 달면 크리에이터가 리댓을 달며 부족분을 채워 주고 소통할 수 있다. 코칭권도 있는데 구매하면 따로 1:1 코칭을 받을 수 있다. 구매한 수강자들의 만족도도 높아 개인 SNS에 후기로 이어지며 계속해서 인지도를 쌓을 수 있고, 돈을 쓰지 않아도 자연스럽게 홍보가 된다.

제일 좋은 점은 한 번 찍어 놓으면 이후 추가로 찍지 않아도 계속해서 수익을 가져다준다는 점이다.

2) 나만의 캐릭터를 이모티콘으로 만들어 보자

나만의 캐릭터를 만들어 본 적이 있는가? 국내에선 카카오톡 이모티콘 시장을 시작으로 네이버 블로그, 라인, 페이스북 등 많은 SNS에서 이모티콘이 판매되고 있다. 이와 관련하여 책, 유튜브, 네이버 블로그 포스트 등 다양한 방식으로 '이모티콘 만들기 및 판매 방법'을 알 수 있다.

나 또한 3개의 이모티콘을 판매하고 있는데, 캐릭터 이모티콘부터 나만의 손글씨로 만든 이모티콘도 있다. 한 개의 이모티콘으로 여러 사이트에 넣어 승인받으면 이 또한 계속해서 들어오는 수입원이 된다. 처음에 만든 이모티콘으로 각 사이트의 사이즈에 맞춰 크기만 수정하여 제출하면 된다. 나 역시 한 곳에만 넣지 않고 여러 곳에 제출하여 승인받았다. 이 책을 읽고 있는 당신에게도 여러 곳에 제출하여 승인받자.

3) 나만의 MD로 수익을 만들어 보자

이모티콘을 만들었다면 MD 이야기가 더 쉽게 나온다. 공식 홈페이지에서 협업하여 MD로 판매가 이루어지기도 하고, 작가 개인 SNS(트위터, 인스타, 블로그 등), 네이버 스마트스토어, 펀딩 사이트를 통해서도 이루어진다.

MD라고 하면 디자인을 전공한 사람이 하는 거 아닌가 생각할 수 있다. 하지만 이모티콘을 만든 많은 작가 중에 전공이 아닌 작가도 많을뿐더러, 디자인을 배우지 않았어도 MD를 만들어 볼 수 있다. 보통 포토샵(Adobe Photoshop)과 일러스트레이터(Adobe Illustrator) 프로그램을 사용한다.

나는 보통 포토샵을 사용하여 작업한다. 디자인을 전공으로 배우거나, 전문적인 직업으로 갖지 않았지만 오랜 시간 덕질을 하면서 자연스럽게 포토샵 기본 기술을 알게 되었다. MD 만들기를 시작했을 때 관심사가 같은 사람들끼리 모여 공구로 시작했다. 정보를 공유하고 서로 모르는 부분을 알려 주며 도왔다. 따로 전문적인 강의를 듣지 않고도 모르는 것은 관련 책을 보거나 SNS에 올라온 자료를 보며 도전했다.

MD라고 하면 워낙 다양하지만, 초보도 도전할 수 있는 잇템으로 나는 스티커, 엽서, 떡메모지, 랩핑지, 포토 카드 정도로 말할 수 있다. MD의 가격은 수량이 늘어날수록 개당 가격이 저렴해진다. 제작 시의 발주 가격과 평균적인 판매 가격과는 차이가 꽤 있어 생각보다 마진이 많이 남기 때문에 한 번 발주하여 꾸준히 판매한다고 생각하면 된다.

맨 처음 발주 시에는 RGB와 다른 CMYK의 색감 확인과 도안 재단 등을 생각하여 확인용으로 적게 뽑고 감을 잡은 후 이후에 수량을 늘리기를 추천한다. RGB와 CMYK를 확인해 보면 전혀 다르다. 포토샵에서 작업할 때에도 CMYK로 선택하고 작업을 시작해야 하며, 화면과 출력물 색감도 다르니 꼭 확인해 보길 바란다.

색감만큼 체크해야 하는 건 작업선, 재단선, 안전선이다. 가이드라인이 있는 파일을 제공해 주는 곳이 있으니 받아서 사용하면 된다. 보통 작업선까지 가득 차게 작업을 하지만 그 안에 재단선이 있어 어느 정도 잘리는 것을 염두에 두어야 한다. 안전선은 밀림에 의해 재단선과 다르게 잘리는 경우가 있으니, 안전선 안으로 주요 이미지 및 텍스트를 넣어서 작업하면 된다.

독이 아닌 복, SNS를 이용하라

'SNS는 독'이라는 표현처럼, 한때 사람들에게 안 좋은 인식이 있었다. 나 또한 자주 소통하던 특정 SNS를 탈퇴할 정도로 부정적인 인식이 강하게 든 적이 있었다. 그러나 이제는 독이 아니라 복이라고 칭하고 싶을 정도로 잘만 사용하면 플러스 효과가 큰 SNS의 이점을 말하고 싶다.

과거에 '블로그를 통해 수익을 얻는다.'는 말은 파워 블로그를 생각나게 할 것이다. 비공식적으로 협찬을 받거나, 제공을 받는 경우를 생각할 것이다. 지금은 파워 블로그가 사라지고, 자신이 선택한 분야에 대해 네이버에 신청하여 인플루언서로 인정받는다. 관련 분야에 대한 포스팅의 양과 질을 확인하여 인정받을 수 있다. 인플루언서라는 인증으로 자신만의 블로그 정체성을 가지기에 좋다.

인플루언서로 인증을 받기 전 먼저 도전해 보라고 싶은 것은 네이버의 애드포스트다.

1) 네이버를 통한 공식적인 광고를 달아 보자

애드포스트는 말 그대로 광고인데, 네이버를 통한 공식적인 광고로서 블로그 이용에 전혀 문제가 되지 않는다. 간혹 네이버를 통해 블로그 판매 및 대여를 통한 광고문의를 받아 본 적이 있을 텐데, 이런 광고나 홍보는 아이디가 정지될 수도 있다고 한다. 나는 대여나 판매를 하지 않았으나 해킹으로 내 아이디가 정지될 뻔한 적이 있어 위험하다고 생각한다. 애드포스트는 네이버를 통한 광고이기 때문에 블로그 정지의 위험이 없다.

애드포스트는 네이버 블로그, 포스트, 밴드 중 원하는 미디어를 등록 신청할 수 있다. 수입보고서를 통해 기간 설정 및 그래프 지표, 기간별 지표를 통하여 수입 발생을 확인할 수 있다. 블로그 내 5가지 광고에서 노출 수, 클릭 수, 클릭률을 통한 수입을 알 수 있다. 자신의 블로그활동이 많을수록 자연스럽게 광고의 수입이 올라가게 된다.

각자 블로그의 운영마다 수입이 다르지만, 특히 미리 말했던 인플루언서의 경우 네이버 검색 시 포스팅 노출이 높기 때문에 자연스럽게 수입이 높다고 하며, 어떤 인플루언서는 한 달에 20만~30만 원의 수입이 들어온다고 한다. 추가로 우수 인플루언서도 있는데, 이 경우 조회 수, 팬 수, 주제의 전문성 및 최신성도 중요하다. 프리미엄 광고 및 헤드뷰 광고도 붙으면 수익이 더 빠르게 늘어날 것이다.

나도 애드포스트를 등록했는데 내가 따로 광고를 달지 않아도 포스팅에 광고가 자동으로 들어가고 내용이 차지하는 비율이 포스팅보다 적고, 광고가 나뉘어 있어 읽는 데에 불편하지 않다.

Tip. 블로그 메인 사진, 카드뉴스 만들기
저작권 걱정 없이 사용할 수 있는 플랫폼인 미리캔버스를 소개한다. 이미 업로드되어 있는 디자인 툴을 선택하여 내가 원하는 문구나 이미지를 변경하면 된다. 카테고리별 템플릿이 정리되어 있어 찾기에도 쉽고, 디자인도 다양하다.

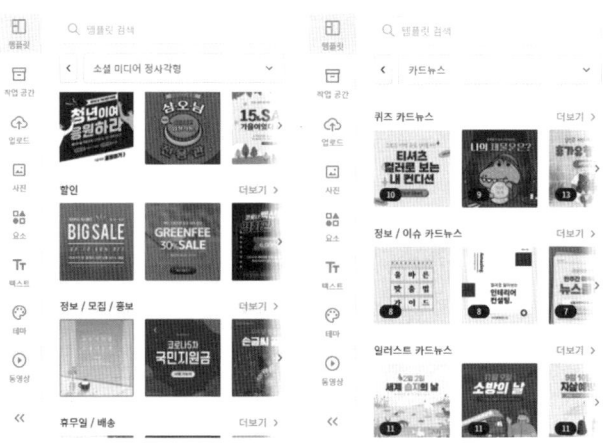

3) 소통의 필요성을 인스타로 채워 주자

블로그 마켓이라는 말처럼 이제는 인스타 마켓이 생겨났다. 인스타를 통해 자신만의 취미나 능력을 판매하는 경우도 있다. 중간의 플랫폼이 없이 직접 거래하기 때문에 중간 수수료가 없어 가격을 저렴하게 하여 판매수익을 높이는 경우가 많다.

나는 인스타에서의 소통을 주로 말하고 싶다. 나이를 먹으며 다양한 인맥이 생겨났다. 내 주변에 쇼핑몰 운영자, 작가, 유튜버 등 다양한 사람들을 통해 소통의 중요성을 느끼게 되었다. 연예인이 아니어도 사람들은 누군가를 좋아하고 팬이 되기도 한다. 그리고 사람들은 생각보다 이런 SNS를 통한 소통을 좋아하는 것을 볼 수 있다.

쇼핑몰에 올리기 전 사람들의 취향을 확인하기도 하고, 신상을 미리 홍보하기도 한다. 유통을 위해 사용하기도 하지만 일상적인 이야기나 Q&A 등의 소통을 하며 친밀도를 쌓기도 한다. 작가는 자신의 책이나 강의를 홍보하기도 하고, 유튜버는 업로드했던 영상에 대해서나 자신의 일상을 공유하기도 한다. 피드에 올리는 것뿐만 아니라 스토리나 라이브방송을 통하여 소통하며 유입을 할 수 있는, 하나의 소통공간이 되어준다.

Tip. 인스타 분할하여 피드 꾸미기

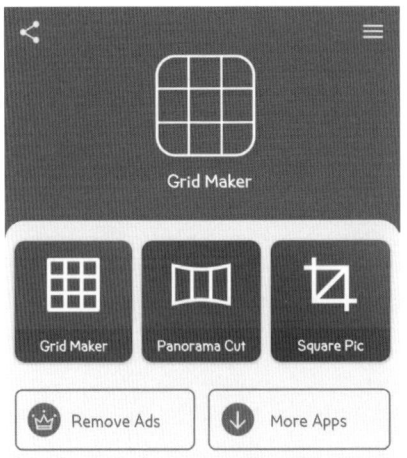

Grid Maker for Instagram이라는 애플리케이션을 사용한다.
첫 번째에 있는 Grid Maker를 누른다.

원하는 사진을 가져오면 사이즈 조정 및
몇 분할로 할지를 선택할 수 있도록 뜬다.

박스 안에 있는 숫자대로 업로드하면 된다.
저장하여 올릴 수 있고, 박스를 누르면
연동된 계정에 업로드할 수 있다.

잘 때도 돈이 들어오는 파이프라인을 만들어라

파이프라인은 돈을 모으는 속도를 높여 계속해서 금액을 불리는 걸 말한다. 그러면 돈이 많아야 가능하지 않겠냐고 생각할 수 있다. 꼭 큰 금액 아니더라도 자신에게 맞춰 해 보는 것을 추천한다. 파이프라인을 만들면 내가 하지 않아도 들어오게 되기에 처음 5년 걸린 기간을 가속화하여 4년, 3년으로 줄여 나갈 수가 있다.

1) 미래를 위한 나만의 파이프라인을 구축하라

앞서 미래를 위해 나만의 브랜드를 만들라고 이야기했다. 책을 낸 작가의 경우로 이야기를 해 보려고 한다. 내가 자신 있는 분야, 내가 강점이 될 수 있는 분야의 책을 쓴다. 퍼스널 브랜드, 즉 자신만의 브랜드를 만든다. 수많은 작가가 책의 인세보다 강연비가 더 수입이 된다고 말하듯이 책을 쓰고 자신만의 강점을 활용한 강연을 계획한다.

강연은 꼭 강단에 서지 않아도 된다. 요즘처럼 코로나19로 인하여 비대면 강연이 자리 잡은 시점에서 나는 기회를 잡으라고 하고 싶다. 대부분의 경우 자신이 만든 오픈 카톡방이나 블로그를 통해 홍보한다. 이미 활동 중인 타 강사의 오픈 카톡방과 협업하여 강의 스케줄을 잡는 경우도 많다. 그 경우 보통 유료보다는 무료로 시작될 수 있다. 다만 무료로 끝나는 게 아니라, 무료인 강의를 통하여 자신이 진행 중인 유료 코칭이

나 유료 프로젝트를 홍보한다. 무료 강의를 마치고 강의에서 공개하지 않은 내용이 담긴 전자책이나 그날 강의한 PPT 내용을 후기 작성을 통해 제공할 수도 있다.

줌 강의를 할 때 수강자들과 단체 사진 촬영을 하여 자신의 자료가 되기도 하고, 후기를 통해 자신의 검색을 높여 인지도를 쌓을 수도 있다. 이러한 경험이 쌓이고 쌓이면 어느 순간 몸값이 오른다. 줌 강의뿐만 아니라 유튜브를 통해 강의를 올리며 같이 키워 나갈 수도 있다. 알려지면 자연스럽게 클래스101 같은 플랫폼에 강의를 업로드할 수도 있고, 오프라인에서도 강연할 기회가 생길 수도 있다.

2) 잘 때도 돈이 들어오는 파이프라인을 만들어라

'종잣돈 만들기 프로젝트'. 나는 부모님의 서포트로 배우고 싶은 것을 배우며 늦게 취업을 했다. 그동안 재테크에 관심도 없었으니 친구들이 직장을 다니며 얼마를 모았고, 차나 부동산 이야기를 할 때 '나는 아직 취업을 안 했으니까….'라고 안일하게 생각하며 핑계 아닌 핑계를 만들었다.

지금은 재테크에 관심을 가지고 여러 가지 방면으로 공부를 하고 있는데, 따로 배우는 곳에선 시드머니로 높은 수익률을 내는 사람들이 있다. 반나절 만에 내 월급의 이상을 벌 때도 있다. 하지만 일반적으로 이렇게 높은 수익을 내기는 쉽지 않다. 이런 경우는 어떻게 해야 할까? 돈을 최대한 빠르게 모으고 투자는 장기전으로 가는 방법이다.

우선 돈을 모으는 방법을 알아보자. 사람들은 주로 월급에서 지출을 하고 저축을 한다. 자신의 지출 내역을 보자. 보통 고정적인 지출 항목을 보면 빼야 할 게 없어 보인다. 이때 하는 방법이 '순서 바꾸기'이다. 월급의 60%를 저축, 혹은 재테크하라는 말이 있는 것처럼 자신의 목표 금액을 우선 저축해 보자. 그리고 나머지를 지출하면 자연스럽게 소비를 줄일 수밖에 없다. 과감하게 장바구니에서 지울 것은 지워 보자. 이렇게 과감하게 없애고, 확인하여 자신이 설정한 종잣돈을 향해 나아가자.

종잣돈의 목표를 처음엔 1년에 1,000만 원, 그다음엔 6개월에 1,000만 원으로 해 보는 것도 추천한다. 간혹 자신의 월급의 80~90%를 저축하는 사람도 본 적이 있다. 어느 정도 저축할지는 자신의 목표에 맞춰 설정하고 그 속도를 올리도록 노력해라.

우리가 소비하는 데 있어서 쓸데없는 소비라고 말하는 게 있다. 최근에 〈국민 영수증〉이라는 방송을 보았다. 머니 트레이너 김경필 님이 나와서 "수익 1% 나는 것보다, 쓸데없는 소비 안 하는 게 수익률 100%"이라고 말했다. 특히 그날 사연자의 내역을 보고 카드 사용금액만 보고 사람들이 안심할 수 있지만, 카드 사용 횟수도 봐야 한다고도 했다. 무계획 지출을 하고 있지는 않은지 확인해야 한다.

인터넷에 직장인 18 저축법, 커피 한 잔 절약법, 금연 통장 만들기 등 다양한 재테크 방법이 알려져 있다. 작은 소비로 재테크를 시작할 수 있다고 한다. 18 저축법은 상사가 짜증 나게 할 때마다 18원, 1,818원,

181,818원을 입금하는 것으로 실제 후기를 보면 빠른 속도로 돈을 모았다고 한다. 커피 한 잔 절약법은 일명 카페라테 효과로 불리는데, 매일 마시는 커피 한 잔 값을 모으면 한 달에 14만 원, 1년이면 168만 원을 커피 값에 소비하는 것으로 보고, 소비습관을 줄이는 것이다. 금연 통장은 하루 한 갑의 담배를 포기하고 저축하면 10년에 1,620만 원을 모을 수 있고, 건강도 함께 지킬 수 있다고 한다.

나의 경우는 내 생일을 기념하며 적금을 만들었다. 3월 31일 내 생일에 뒤에 0을 하나 붙여 매일 3,310원을 자동이체가 되도록 하였다. 매일 10시마다 나의 생일을 기억하는 이벤트이기도 하고 소액이지만 나에게 의미가 있는 투자 자본이 된다.

이제 투자에 대해 이야기해 보고 싶다. 비트코인만 해도 초반에는 사람들이 잘 몰랐다. 나 또한 극 초반에 교수님이 이야기했으나 당시 투자에 대해 알지 못하여 놓쳤다. 이후에 내가 관심을 가지고 다양한 투자를 배우게 되었다. 소액의 금액으로도 할 수 있는 음악 저작권, 주식, 주식청약, 적금 등을 이야기할 수 있다.

최근 음악저작권료라고 티브이에서 광고하는 뮤직카우를 내가 알게 된 건 몇 년 전이다. 음악에 관심이 많아 비교적 빠르게 알게 되었다. 나는 좋아하는 곡 위주로 옥션을 참여했다. 작게는 98.1%에서부터 크게는 1174.3%까지 상승률을 보이며 구매금액보다 몇 배로 높은 이익을 보여주고 있다. 매달 들어오는 저작권료로 재미를 보고 있다.

어느 곡이 얼마나 오를지, 내려갈지 모르기 때문에 참여하기 전 최근 저작권 수익 확인 및 소개 등 다양한 자료를 확인하고 상한선을 정해 놓고 참여한다. 주변에서 내게 재테크를 묻는 분들에게도 소개하고 어떤 것을 체크해야 하는지 설명하였는데 수익률이 좋고 주식보다 쉬워 시작으로 좋다고 말한다.

주식에 대해서도 잠시 이야기를 해 보자. 중앙일보 인터넷 기사로 본 내용인데 잊고 있던 31년 전 주식이 100만 원이 3억 원이 돼서 돌아왔다고 한다. 단타를 하지 못하는 사람들에게 추천하고 싶은 방법이 바로 장타이다. 온종일 들여다보며 확인할 수 없는 사람들에게 장타만큼 좋은 시작은 없다고 한다. 구매 후 애플리케이션을 지운다는 말이 있는 것처럼 장타를 하는 사람들에게 본업에 지장 받지 않고 수익을 모으는 방법이라 생각한다. 아주 기초적이지만 필수적이기도 한 PER, PBR, ROE 3가지를 통해 기업을 분석하고 들어가야 한다.

파이프라인 만들기에 적정한 것은 보통 부동산이다. 월세를 통한 고정 수입이 생기면서 가속화가 되어 또 다른 파이프라인을 만들기 좋다. 거액이 필요할 것 같은 부동산, 땅, 청약 또한 언제 나에게 기회가 올지 모른다는 마음으로 공부하고 있다. 땅의 경우 비교적 소액으로도 도전해 볼 수 있다고 한다. 몇 년 전 아침 방송에서 봤는데, 알배기라고 해서 강남에서 500만 원에 땅을 산 경우도 있다. 급매를 하거나, 경매를 배워 시세보다 싸게 구입하는 경우도 있다. 기회가 왔을 때 잡으려면 그것에 대해 준비하고 알고 있어야 한다는 말이 있듯이 지금 당장 할 수 없다고 하여도 준비를 안 하고 있기보단 공부하고 알아야 한다.

저자소개

김솔규 KIM SOL GYU

학력

· 사회복지학 학사 졸업

경력

· 사회복지사
· 사단법인 글로벌 작가협회 작가
· 문학포털 강건 시인

자격

· 사회복지사 1급
· 실버케어사회복지사
· 보육교사
· 장애영유아 보육교사
· 건강가정사

저서

· 『죽기 전에 꼭 하고 싶은 것들』, 위닝북스, 2018.(공저)
· 『나의 자존감을 높여주는 9가지 훈련법』, 스토리위너컴퍼니, 2020.(김솔규)

· 『매일 글쓰는 즐거움』, 해해북스, 2021.(공저)
· 『나의 자존감을 높여주는 9가지 훈련법』, 오디오북, 2021.

수상
· 2021년 문학 포털 강건 등단

봉사
· 2009.5~2010.11. 경기광주아라봉 매달 1회 정기봉사
· 2012.1~2020.1. 오산아라봉 매달 1회 정기봉사 지역총무
· 2012.7~8. 한국대학사회봉사협의회 몽골 봉사활동 팀원
· 2014.6~7. 동원대학교 네팔 봉사활동 팀대표

기타
· 네이버 인물검색 참조

── 제10장 ──

미래 일자리 10년 후를 준비하는 비전 설계

• 윤재훈 •

미래를 대비하는 우리의 자세

1) 내 안에 있는 적응 DNA를 깨워라

우리는 미래, 4차 산업, 메타버스라는 단어만 들어도 불안하고 걱정이 앞선다. 미래는 지금보다 훨씬 변화의 속도가 빠르다고 하는데 그러한 세상을 어떻게 살아갈 것인지 걱정된다. 특히 인공지능, 빅데이터, 드론, 로봇이라는 구체적인 기술 용어가 나오면 더욱더 심각해진다.

내가 지금 할 수 있는 것이라고는 단순히 컴퓨터를 사용하여 인터넷을 하고 문서를 작성하는 수준인데 이렇게 살다 보면 어느새 남들에 비해 뒤처지는 것은 아닌지, 지금이라도 도태되지 않기 위해 코딩을 배워야 하는 건 아닌지 고민하게 된다. 빅데이터, 인공지능, 드론에 대한 교육과정을 검색하지만, 막상 도전하려니 엄두가 나지 않는다. 하지만 우리가 언제부터 이렇게 미래를 두려워했을까? 돌이켜보면 과거의 나는 분명 변화에 대한 적응이 누구보다 빠른 사람이었는데 말이다.

지금의 40대, 50대는 그 어느 세대보다도 혁신적이고 새로운 기술에 적응을 잘하는 DNA를 가지고 있는 세대이다. 현재 40대 중반인 저자는 초등학교(그때는 초등학교였다.) 4학년 때 CA(Club Activity, 특별 학습활동) 동아리가 컴퓨터반이었기 때문에 처음으로 컴퓨터를 접할 수 있었다. CA 시간이 되면 부원들은 선생님 당직실로 모였고, 선생님은 벽장 속에서 학교에 하나밖에 없던 컴퓨터를 꺼내서 보여 주셨다. 물론 컴퓨터를 다루는 것은 선생님만이 할 수 있었고 우리는 옆에서 신기한 눈으로 쳐다보기만 하였다.

컴퓨터를 직접 다뤄 본 것은 초등학교 6학년 때 컴퓨터 학원에 다니면서부터이다. 그 당시 컴퓨터는 테이프를 넣어서 부팅을 했다. 그 이후 플로피디스크로 부팅하는 컴퓨터가 나왔고 2장의 플로피 디스크로 할 수 있었던 일본 코에이(KOEI)사의 '삼국지' 게임은 잊을 수 없는 감동이었다.

대학교에 입학할 당시만 해도 우리는 학교 체육관에서 줄을 서서 수강신청을 했다. 내가 원하는 과목에 줄을 선 다음 수강신청을 하려고 기다리다가 마감이 되면 재빨리 다른 줄로 이동해야 했다. 줄을 서면서 엄청난 눈치 싸움을 하였던 기억이 있다. 신입생 때는 친구들과 당구장을 놀러 갔지만 군대에 가서 휴가를 나오면 언제부터인가 친구들은 당구장이 아닌 PC방에서 놀고 있었고 우리는 그때 처음으로 인터넷을 접하게 되었다.

제대하고 나니 인터넷을 통해 수강신청을 하는 것으로 변해 있었고 인터넷 사용법을 몰라 걱정하던 우리는 당시 같이 학교에 다니던 여자 후배들을 찾아가 부탁을 했다. 하지만 다음 해부터는 너무 자연스럽게 수강신청을 하고 있는 우리 자신을 볼 수 있었다.

컴퓨터와 인터넷은 엄청나게 발전을 했고 우리는 이제 컴퓨터와 인터넷이 없는 삶은 상상할 수도 없게 되었다. 그리고 그 속에서 우리는 이들을 잘 활용하며 자랑스러운 성과를 만들어 냈다.

우리 삶 속에서 인터넷만큼이나 획기적인 변화를 보인 것은 전화기다. 어렸을 때는 집 전화만 있었기 때문에 상대방과의 커뮤니케이션을 위해서는 무작정 연락을 기다리기만 하였다. 하지만 삐삐의 등장으로 연락을 기다리던 시대에서 원할 때 즉시 할 수 있는 시대가 되었다. 드라마 〈응답하라 1994〉에서 성동일이 투자했다가 쪽박을 찬 시티폰 시대를 잠깐 거쳐 휴대폰이 대중화되는 시기를 맞이하였다. 휴대폰 업체 간의 경쟁이 치열해져 '공짜 폰'이 엄청나게 풀렸기 때문에 누구나 휴대폰을 쉽게 쓸 수 있었다.

이 당시 필자는 대학교를 졸업하고 2002년 모바일게임이 태동하던 시기에 모바일게임 개발사로 취업을 하였다. 그 당시만 하더라도 리니지, 바람의 나라와 같은 온라인 게임이 주목받던 시기라서 상대적으로 모바일게임에는 큰 관심이 없었다. 그저 플로피디스크 1장에 들어가는 용량에 초보자들도 만들 수 있는 게임이었을 뿐이었다.

하지만 스마트폰이 출시되고 글로벌로 쉽게 게임을 서비스할 수 있는 시대가 되면서 지금은 온라인게임보다 모바일게임이 훨씬 더 주목을 받고 있다. 이제는 휴대폰과 인터넷이 합쳐진 무선인터넷 시대로 누구나 쉽게 스마트폰을 통해 길을 찾고, 영화를 보고, 은행 업무를 하는 시대이다. 굳이 지갑을 가지고 다니지 않아도 스마트폰 하나만 있으면 결제부터 교통수단 이용까지 모든 것을 할 수 있는 시대이기도 하다.

컴퓨터와 인터넷 그리고 전화기가 결합된 스마트폰이 대중화되기까지 현재의 40대, 50대는 이러한 혁신을 주도하였다. 하지만 이러한 혁신적인 변화 속에서 우리가 혁신을 주도하는 방식은 적응하고 이를 잘 활용하여 새로운 가치를 만들어 내는 것이었다. 이는 다시 말해 우리는 과거에 수많은 기술을 모두 습득한 것이 아니라는 것을 의미한다. 하지만 미래를 대비하는 우리의 모습은 어떠한가. 미래를 불안해하면서 미래에 대비하기 위해 관련 기술을 습득하지 못해 불안해한다. 다른 세대에 비해 도태되고 모든 일자리가 빼앗겨 나락으로 떨어지는 '나'를 상상한다.

미래는 우리가 지금 살고 있는 현재와 같다. 우리는 언제나 그랬듯이 4차 산업과 관련된 기술을 잘 활용하면서 보다 새로운 가치를 만들어 낼 것이다. 다른 어떤 세대보다 변화에 대한 적응력이 높은 세대이기에 가능한 일이다.

미래에는 과거보다 기술 활용을 잘하는 능력이 더 중요해질 것이다. 기술의 변화만을 좇다 보면 우리는 삶의 주체로 살아갈 수 없다. 시대의 변화에 맞추어 생각의 패러다임을 바꾸고 그 속에서 자신의 생각을 확립하면서 행동의 변화를 이루는 것이 무엇보다 중요하다고 할 수 있다. 어떤 기술을 배울 것인가를 고민하는 것이 아닌 새로운 사회를 어떻게 살아갈 것인가를 고민하여야 한다.

2) 미래에 대한 관점을 바꾸자

이제는 미래에 대해 지금까지 가져왔던 생각의 변화가 필요하다. 3차

산업혁명 시대에서는 새로운 기술을 얼마나 빨리 습득하느냐가 중요했다면 4차 산업에서는 다양한 기술들을 어떻게 융합하고 얼마나 새롭게 활용하는가가 더 중요하다. 다시 말하면 학력, 스펙, 건강, 나이 등은 전혀 문제가 되지 않는다는 것이다. 왜냐하면 4차 산업의 다양한 기술을 활용하기 위해서 3차 산업혁명 시대와 같이 교육훈련이 필요하지 않기 때문이다.

3차 산업혁명 시대에 우리는 컴퓨터, 인터넷 등과 같은 기술을 활용하기 위해서는 교육을 받아야 가능했지만 4차 산업에서는 특별한 교육 없이 그냥 인공지능에게 말하는 것으로 모든 기술을 쉽게 활용할 수 있다. 현실 세계에서는 건축사가 건물을 건축하지만 메타버스 환경에서는 오히려 초등학교 학생이 건축을 훨씬 더 잘할 수 있다. 다리가 불편한 장애인이 로봇 의족의 도움으로 운동선수가 될 수 있는 사회이다. 나이가 많은 실버 세대도 드론을 이용하여 응급구조현장에서 활동할 수 있다. 기존의 고정관념 없이 기술을 어떻게 활용하느냐에 따라 다양한 가치를 만들 수 있고 오히려 지금보다 차별이 없는 세상이 될 것이다.

과거에는 '한 우물을 파라.'가 미덕인 시대가 있었다. 하지만 이제는 깊게 파려면 오히려 먼저 넓게 파야 하는 시대가 되었다. 자기 분야에 대해 철저히 알아야 하겠지만 자기 분야뿐만 아니라 새로운 분야를 접하면서 더 많은 가능성을 만들 수 있다. 하나의 기술만을 아는 전문가가 아니라 다양한 기술들을 활용하는 전문가가 더 각광받는 시대이다. 따라서 변화에 대한 적응 DNA를 가지고 있고 많은 기술 활용 경험과 노하우가 있는 지금의 40, 50대는 앞으로 변화하는 시대 속에서도 뒷방

늙은이가 아닌 전면에서 왕성하게 활동하는 주류 세대가 될 수 있다.

현재를 통해 미래를 준비하자

1) 10년 전 불안했던 미래가 오늘이다

흔히 4차 산업을 설명하는 수많은 책을 보면 이과 계통의 저자들이 작성한 책들은 기술에 초점을 맞추면서 찬사 위주의 유토피아적인 삶을 그려 내는 책이 대다수다. 반면 인문학자들이 쓴 책들은 유토피아보다는 디스토피아적인 미래를 그려 내면서 기술에 대한 변화를 우려하기도 한다. 어찌 됐든 10년 전에도, 20년 전에도 우리는 미래를 상상하며 불안하고 걱정하였다.

2010년대에 들어서면서 우리는 미래의 교육, 미래의 교실에 대해 전망하는 수많은 기사, 뉴스를 만날 수 있었다. 뉴스 빅데이터 분석 서비스 '빅카인즈(www.bigkinds.or.kr)'에서 2010년 1월 발행한 기사 중 '미래교실'이라는 키워드로 검색하면 나오는 1월 3일 매일경제「3D·전자책·스마트폰…코스닥 유망주」라는 기사에서는 '미래기술주(3D, 전자책, 디지털교실)가 올해 코스닥 테마가 될 것'이라고 전망했다. 특히 정부 주도로 바뀌게 될 디지털교실을 위해 관련 업체들은 이미 준비를 끝냈고, 전자칠판은 바로 설치해 사용 가능할 정도로 상품화가 끝났으며, 전자책은 이미 출시돼 소비자들에게 꾸준하게 좋은 반응을 얻고 있다고 한다.

또한, 매일경제 1월 25일 「[SK텔레콤] 종이책 없는 '스마트교실 시대' 연다」라는 기사에서는 종이교재가 사라지고 학생들 출석사항이 자동 체크되는 '스마트 교실(클래스)'이 현실로 다가온다고 하였다. 특히 강사가 전자칠판에 쓴 내용을 일일이 필기하지 않아도 학생이 가지고 있는 단말기로 전송되는 시스템이 갖춰져 강사가 설명하는 내용을 듣는 데 집중할 수 있는 여건이 만들어질 예정이라고 하였다.

2011년 전자신문 인터넷판 「아바타, 교실에 들어온다」에서는 교과서 등장인물이나 교사들을 아바타로 구현하는 미국의 기술벤처 '인텔리타'의 돈 데이빈스 대표의 인터뷰를 실었는데 그는 "아바타가 교사를 대체하는 것은 결코 아니다."라며 "우리가 주목하는 것은 교사의 역할이 약간 바뀌어 기본적인 학습 정보를 제공하고, 학생들의 실시간 응답을 모니터링하고, 필요한 정보를 더하는 콘텐츠 제공자가 되는 것"이라고 교사의 역할 변화를 전망하였다.

하지만 10년이 지난 지금 돌이켜 보면 스마트 교실이 도입되고 있지만 학교현장에서는 아직도 종이 교과서를 쓰고 있으며 아이들의 책가방은 여전히 무겁다. 코로나로 인해 온라인 교육이 앞당겨졌지만, 교사라는 직업은 사라지지 않았고 모니터링이나 콘텐츠 제공만을 하는 수동적인 역할에 머무르는 것이 아니라 오히려 그 역할에 대한 중요성이 더 강조되고 있다. 이처럼 우리가 막연하게 느끼는 미래의 많은 불안한 일들은 실제로 발생하지 않을 가능성이 크다. 그렇다고 미래의 전망을 무시할 수는 없지만 다양한 미래 예측과 관련된 정보를 접할 때 아무 비평 없이 받아들이는 것이 아니라 객관적으로 분석할 수 있어야 한다.

2) 현재 진행되는 4차 산업혁명을 객관적으로 바라보자

미래를 막연하게 긍정적으로 또는 부정적으로만 바라볼 필요가 없다. 4차 산업에 대한 수많은 이야기가 나오는 이때, 우리는 4차 산업의 주요 기술들이 인간의 삶에 미칠 수 있는 영향에 대해 냉정하게 분석하는 것이 필요하다. 이를 통해 미래 대응력을 키워 막연한 불안과 공포 마케팅에 휩쓸리지 말아야 한다.

3D 프린터가 처음 나왔을 때 가장 불안했던 직업군 중 하나는 치기공사들이었다. 이들은 3D 프린터로 인해 지금까지 치기공사에게 의뢰했던 일들을 치과에서 직접 수행함으로써 치기공사의 일자리가 사라질 것이라는 전망이 대부분이었다. 하지만 얼마 전 페이스북에 치기공사로 일하고 있는 초등학교 동창이 '3D프린터운용기능사' 자격증을 취득했다는 글을 올렸다. 지금은 오히려 3D 프린터를 가장 많이 이용하는 직업 중 하나가 치기공사이며 이들은 과거 수작업으로 했던 일들을 3D 프린터를 통해 수행함으로써 더 많은 실적을 만들어 내고 있다.

이처럼 어떤 사안이 발생한다고 예상이 되면 이를 다양한 관점에서 해석하고 생각하고 또 생각하는 숙고의 과정을 거쳐야 한다. 변화 앞에서 긍정적인 관점으로 기회를 찾으려는 태도의 선택이 중요하며 긍정적이고 혁신적인 사고를 할 때 변화에 끌려다니는 것이 아니라 주도하는 삶 수 있다.

쉬운 예로 '자율주행차'가 가져올 미래에 대해 생각해 보자. '자율주행차'가 보편화된다면 택시업계는 어떻게 될까? 처음 드는 생각은 택시업계는 엄청난 어려움에 처할 것이라는 전망이다. 하지만 숙고의 시간을 가진 후 이를 다양한 관점에서 생각하게 되었다.

먼저 택시기사라는 직업군에서는 아무래도 긍정보다는 부정적인 영향을 많이 끼칠 것이라는 생각이 들었다. 하지만 만약 내가 택시업체를 운영하는 대표라면 어떡할까? 오히려 추가 고용 없이 더 많은 택시를 운영할 수 있어서 수익성 측면은 더욱 개선될 것이다. 그럼 차량 공유 서비스 '쏘카'라면 어떨까? 자율주행차가 있으면 공유 서비스는 엄청나게 어려워지지 않을까? 우리는 흔히 '자율주행차가 있으면 누가 차량 공유 서비스를 이용할까?'라고 단순히 생각할 수 있다. 하지만 자율주행차가 있다고 하더라도 모든 사람이 자율주행차를 소유하는 것은 아니다.

국토교통부(2019)에 따르면 자동차 보급률은 50% 후반대로 인구 2.2명당 자동차 1대를 보유하고 있기 때문에 택시나 공유 서비스의 이용은 꾸준하다. 현재 공유 서비스 이용을 보면 사용자가 A라는 지점에서 차량을 빌려 B라는 지점까지 이용하게 되면 A는 공유 차량이 없어 다른 이용자가 사용할 수 없는 문제가 있다. 하지만 자율주행 차량을 공유 차량으로 이용한다면 오히려 차량 배치를 더 효율적으로 할 수 있을 것이다.

마지막으로 주차장 이용률은 어떻게 될까? 이 경우도 처음에는 사람들이 출근을 하고 차량을 집으로 돌려보내면 되니 도심에 있는 주차장의 이용률은 현저히 떨어지고 결국 도심 내에서 주차장은 필요가 없어질 것으로 생각하였다. 그러나 조금만 더 깊게 생각해 보면 출근 후 다시 차량을 집으로 보내면 출근 시 사용된 기름이나 전기 등의 에너지원이 또 들게 되고 다시 퇴근 시간에 맞추어 회사로 와야 하니 엄청나게 많은 경제적 손실을 입을 수 있다. 그래서 오히려 도심과 가까운 인근 주차장으로 차량을 보내는 수요가 훨씬 많아질 수도 있다. 그렇게 되면 도심에서 약간 떨어진 저렴한 곳은 주차장사업이 더욱더 활성화될 것이다.

이처럼 어떠한 변화가 있을 때 우리는 객관적이고 긍정적인 관점에서 사안을 숙고할 필요가 있다. 여기서 계속 반복되는 단어는 '숙고(熟考)'이다. 여기서 숙고는 '곰곰이 잘 생각하다.'는 의미이다. 소크라테스는 "인간에게 가장 소중한 일은 언제나 탁월함에 대해 논하고 자신과 이웃을 성찰하는 것이네. 그리고 숙고하지 않는 삶은 살 가치가 없는 것이야."라고 말했다. 자기 삶에 대해 숙고하지 않는 삶은 의미가 없다는 말이다. 자신의 현재에 대한 숙고만큼이나 자신의 미래에 대한 숙고도 중요하다.

3) 효율성이라는 함정에서 탈피하여 잉여로움을 갖자

메타버스와 같은 새로운 기술을 접할 때 우리는 큰마음을 먹고 경험하지만 10대들은 이러한 기술에 자연스럽게 흡수된다. 그들이 그럴 수 있는 이유는 어른들에 비해 잉여로움이 많이 있기 때문이다. 하지만 어른이 되면 될수록 시간이 부족해지고 이 때문에 무슨 일을 하더라도 효율성을 따지게 된다. '시간이 돈'이라는 개념이 생기게 되면 그 전에 즐겁게 했던 게임도 재미가 사라지게 된다.

얼마 전에 〈디아블로 2: 레저렉션〉이라는 게임이 출시되었다. 이 게임은 블리자드 엔터테인먼트 게임 〈디아블로2〉를 리마스터링한 게임으로 출시부터 선풍적인 인기를 끌었다. 대학교 시절 〈디아블로2〉에 열광했던 나와 같은 세대의 게이머들은 누구나 한번 접속을 하여 향수를 느끼며 게임을 즐기고 있다. 워낙 추억과 애정이 많이 담겨 있는 게임이기도 해서 여러모로 기대하는 부분도 많았는데, 막상 플레이를 해 보면 나이가 먹어서 그런지 오랜 시간 동안 할 수 없었다.

평소 즐기던 모바일게임과 달리 MMORPG 형태의 이 게임은 긴 시간 투자가 필요하다. 성인 입장에서 추억의 게임으로 재미를 얻기도 하지만, 동시에 '시간이 아깝다.'라는 생각도 드는 것은 어쩔 수 없는 것 같다.

네이버 지식백과 HRD 용어사전에서 효율성(Efficiency)은 '최소한의 투입으로 기대하는 산출을 얻는 것을 의미한다. 투입과 비교된 산출의 비율로 정해지며 그 비율의 값이 커질수록 효율이 높은 것으로 평가된다.'고 정의한다. 이제 우리는 새로운 경험이나 기술을 배우고 활용할 때도 효율성을 먼저 따진다. 그래서 지레 겁을 먹고 시작도 하지 않거나 만약 시작을 했더라도 빨리 결과에 대한 보상을 받으려고 하고 본인이 생각했던 결과치를 얻지 못했을 때는 심한 좌절을 맛본다.

예를 들어 동영상 제작 교육과정을 접했을 때 '지금부터 배워 봐야 내 나이가 50인데 언제 이것들을 써먹겠어.'라면서 교육을 신청하지 않는 다든지, 빅데이터나 인공지능 같은 고도의 기술을 배우려고 하면서 정식 코스가 아닌 단기간 코스만을 찾아 듣는다.

하지만 아이들의 경우 잉여로움이 있다. 새로운 기술을 접하거나 배울 때 이를 어떻게 써먹을 것인가를 고민하지 않고 그 자체에 대한 관심을 가지고 배운다. 배우는 과정에서 재미를 느끼게 되고 활용하면서 다양한 형태의 결과물을 만들어 낸다.

〈마인크래프트〉라는 게임은 샌드박스(Sand Box) 형태의 게임으로 '샌드박스'는 게임 안에서 유저들이 마음대로 무엇이든 할 수 있는 시스템을 말한다. 꼭 해결해야 할 퀘스트나 미션이 있는 것이 아니라 높은 자유도를 기반으로 유저 스스로 다양한 플레이 패턴(Pattern)을 만들어 낼 수 있는 게임이다.

〈마인크래프트〉를 이용하여 많은 유튜버가 다양한 콘텐츠를 생산해 내고 있는데 〈마인크래프트〉로 가장 성공한 유튜버 'Dream'은 미국 플로리다 올랜도에 사는 1999년생 청년으로 현재 구독자 수 2,680만 명, 누적조회 수 22억 8천만 건에 달한다. 이 유튜버는 2014년 2월부터 유튜브활동을 시작했다. 중학생이었던 당시 처음 올린 영상이 〈마인크래프트〉 영상이었다. 유명 유튜버 양띵도 크루들과 함께 '내가 꼭 살고 싶은 집'이라는 주제로 건축을 하는가 하며 술래잡기, 인생게임, 파산게임, 핵전쟁 등 다양한 주제로 방송을 진행한다. 유튜버 잠뜰의 경우 '이무이

(이해하면 무서운 이야기)'라는 주제로 공포 상황극을 만들기도 한다.

이런 유튜버들의 경우 〈마인크래프트〉라는 게임과 유튜브라는 플랫폼을 접했을 때 처음부터 이것을 이용하여 돈을 벌겠다는 생각으로 시작한 것이 아니다. 그저 기술을 접하고 활용하는 것이 재미있어서 사용하였고 즐기다 보니 새로운 콘텐츠도 만들어지고 그것들이 유명해지다 보니 수익도 자연스럽게 따라온 것이다. 따라서 우리가 4차 산업혁명의 새로운 기술을 접할 때도 이 기술을 통해 엄청난 변화가 일어나기를 기대하는 효율성이라는 함정에서 탈피하여 잉여로움을 갖는 자세가 필요하다.

10년 후 내 모습을 상상하자

1) 나 자신을 분석하여 강점을 파악하자

올해 초 고용노동부가 발급하는 '직업능력개발훈련교사' 자격증 취득을 위해 한국기술교육대학교에서 3주간의 '신중년 교직훈련과정'을 참여하였다. '신중년 교육훈련과정'은 만 40세 이상 70세 미만의 고숙련자를 대상으로 하는 교육으로 보통 40대 중반인 저자보다 10~20살 연배가 높으신 분들이 대부분이었다.

이분들은 누구보다 열심히 살았고 나름대로 조직에서 이루어 놓은 것도 많았으며 자신의 방식을 인정받았지만 정작 은퇴를 준비하기 위해 할 수 있는 자신의 역량을 확인하는 과정에서 간단한 한글문서, PPT도 작성하지 못하는 자신을 발견하고 급격히 자존감이 낮아진다. 특히 기술을 가지고 있는 블루칼라 은퇴자보다 화이트칼라, 관리자급 출신의 은퇴자들은 더 큰 좌절감을 맛본다. 이러한 좌절감과 두려움 때문에 우리는 흔히 미래를 대비할 때 과거의 나를 다 버리고 아예 새로운 것을 배워서 다시 시작하려고 한다.

한경닷컴 게임톡 만화작가 안중원 객원기자는 2015년 만화칼럼「게임 개발자전(傳) 6화 판교 개발자 출신 치킨집」에서 개발자 출신의 치킨집 아저씨를 소개한다. 누구보다 유망한 직종이라고 생각하는 개발자들도 미래가 불안하여 자신의 과거 경력을 다 버리고 치킨집을 차리는 것이 현실이다. 하지만 새로운 기술, 새로운 업종에서 본인이 성공할 확률보다는 현재의 자신을 기반으로 미래를 준비하는 것이 성공 확률을 높이는 길이다. 이를 위해서는 먼저 나를 알아야 한다.

나를 알기 위해서는 나를 객관적으로 보는 것이 필요하다. 노트를 펴고 지금까지 살아오면서 내가 이루었던 성취의 순간을 기록해 보자. 최대한 많이 적을수록 좋다. 그리고 그 일을 성취하기 필요했던 능력, 기술, 지식, 태도 등을 적어 본다. 이를 작성하다 보면 본인이 어떤 일에 강점이 있는지를 쉽게 파악할 수 있다.

자신의 강점을 파악하는 더 쉬운 방법도 있다. 흔히 사람들은 자신의 강점을 적는 것을 어려워하는데 이럴 때는 강점이 아닌 자신의 약점을 적어 본다. 강점보다 약점을 적기는 훨씬 쉽다. 하지만 약점을 적는 것으로 끝나는 것이 아니라 그 옆에 약점의 반대 상황을 적는 것이다. 약점을 반대로 생각해 보면 자신의 강점이 눈에 띄기 때문이다.

필자는 '한 가지 일을 꾸준히 하지 못하고 반복적으로 하는 일을 아주 싫어한다.'라는 약점을 가지고 있다. 하지만 이는 다른 말로 '다양한 일을 동시에 진행할 수 있는 멀티태스킹이 가능한 멀티플레이어로 창조적인 일을 추진력 있게 한다.'는 강점으로 바꿀 수 있는 것이다. 나의 강점과 약점을 파악하고 약점을 극복하는 것보다 강점을 적극적으로 살릴 수 있도록 하여야 한다.

2) 나만의 미래비전을 만들자

미래에 내가 하고자 하는 '비전'을 찾아보고 앞으로 어느 길로 방향을 잡아야 할지 구상해 본다. 비전은 '내 아이디어와 내가 하고자 하는 일이 어떻게 더 좋은 세상을 만들 수 있는지'에 대한 질문에 대한 답을 생각하면 쉽게 접근할 수 있다.

미래 예측이 불가능한 상황에서는 가장 좋아하는 분야를 선택하여야 한다. 자신이 가장 좋아하는 분야는 커리어넷, 워크넷에서 제공하는 '직업 흥미검사', '직업선호도 검사' 등을 통해 파악할 수 있다. 이 검사는 홀랜드(Holland)의 6가지 흥미유형 분류에 근거하여 자신의 특성을 탐색하고 흥미유형에 적합한 직업을 제시한다. 6가지 흥미유형은 RIASEC으로 표시하며 현실형(R), 탐구형(I), 예술형(A), 사회형(S), 진취형(E), 관습

형(C)이다.

미래의 비전은 '업(業)'을 찾는 것에서 시작된다. 미래에는 자신의 전문성을 무기로 여러 분야를 융합하여 새로운 '업'을 가진 인재가 각광을 받는다. 기술에 자신의 강점과 RIASEC을 합쳐서 미래 직업을 고민할 수 있다. 예를 들어 드론이라는 미래기술을 통해 미래직업을 고민하기 위해서는 드론을 기준으로 RIASEC 유형에 따른 다양한 직업 아이디어를 도출하여 본다.

여기서 나온 수많은 아이디어 중 본인의 강점과 과거 경력에 연관이 있는 아이디어를 발전시키는 것이다. 여행상품 촬영 가이드의 경우 '드론 항공 촬영 가이드', 측량 및 분석가는 '드론 활용 토지 측량 전문가', 지도 제작기술자는 '드론 탑재 GPS 전문가', 항공기운항관리사는 '드론 관제사' 등을 상상해 볼 수 있다.

3) 역량을 개발하고 좋아하는 일을 잘하는 일로 바꾸자

미래의 비전과 현재의 나 자신 사이의 갭(GAP)을 파악하여 이를 교육 훈련이나 체험 등을 통해 간격을 줄이는 것이 필요하다. 그리고 단순히 배움으로 끝나는 것이 아닌 직업적인 경험을 해 보는 것이 중요하다. 현재의 나와 미래의 직업 사이에서의 갭(GAP)을 파악하기 위해서는 현재의 내가 가지고 있는 역량을 파악하는 것이 먼저다.

나의 경력과 현재의 기술을 파악하기 위해서는 작성해 놓은 이력서를 준비한다. 작성된 이력서를 쪼개고 분석하면 진짜 '나'를 찾을 수 있다. 이력서에서 회사와 직위를 삭제한 후 각 기관·기업에서 수행하였던 나의 직무만을 적는다. 그리고 수행했던 직무 중에서 온전히 나 혼자 시작부터 끝까지 할 수 있는 기술과 능력을 적는다. 여기에 업무를 위해 내가 다룰 수 있는 포토샵, 한글, 엑셀 등의 툴이나 학위, 언어, 자격증, 경력연수 등의 부가적인 역량을 추가하면 된다.

이런 과정을 통해 나의 현재의 역량을 객관적으로 분석할 수 있다. 현재의 역량을 분석하고 앞서 고민했던 나의 비전(미래 직업)의 필요역량을 파악하면 GAP을 정량화할 수 있다.

GAP은 곧 나의 비전을 실현하기 위한 목표이다. GAP을 줄이기 위해서는 배움과 경험이라는 과정을 거쳐야 한다. 좋아하는 일을 잘하는 일로 바꾸기 위해서는 전문적인 교육을 받은 후 1만 시간의 법칙으로 대표되는 갈고닦는 시간이 필요하다. 그 후 우리는 나의 배움을 플랫폼 등을 통해 실제 매출로 만들어 보는 경험을 해야 한다. 이 과정이 비전 설계과정 중에서 가장 중요하다. 이 과정을 통해 '업'을 직업적으로 가져갈 수 있을까를 확인할 수 있기 때문이다. 어떤 일을 취미생활로 즐기는 것과 돈을 버는 수단으로 하는 것은 전혀 다른 의미이다.

맺음말

　미래에 대한 막연한 불안은 어느 순간 객관적인 판단을 흐리게 하고 정신 차려 보면 막연하게 트렌드를 쫓고만 있는 자신을 마주하게 된다. 하지만 트렌드는 만들어지는 것이고 현재에 기반한다. 우리는 혁신에 적응하는 DNA를 가진 세대이다. 따라서 트렌드에 항상 관심을 가지고, 너무 먼 미래가 아닌 가까운 미래를 예측하면서 현재에 충실하고 현재를 기반으로 미래를 준비한다면 우리는 트렌드를 쫓는 사람이 아니라 주도하는 사람이 될 수 있다.

참고문헌

1. 『4차산업 사회로 떠나는 생각 여행』, 강정훈, 한나래플러스, 2019.
2. 『새로운 미래 뭐하고 살까?』, 김승 외 3인, 미디어숲, 2019.
3. 『서른 살, 비전 찾기』, 박지은, 글라이더, 2019.
4. 『커리어 하이어』, 아트 마크먼, 진성북스, 2020.
5. 『내 인생의 로드맵』, 이용재, 나침반, 2019.
6. 「3D·전자책·스마트폰…코스닥 유망주」, 문수인, 매일경제, 2010.1.3.
7. 「만화칼럼 '게임 개발자전(傳)' 6 판교 개발자 출신 치킨집」, 안중원, 한경닷컴 게임톡, 2015.1.16.
8. 「아바타, 교실에 들어온다」, 이수운, 전자신문, 2011.6.1.
9. 「[SK텔레콤] 종이책 없는 '스마트교실 시대' 연다」, 황인혁, 매일경제, 2010.1.25.

저자소개

윤재훈 YUN JAE HUN

학력
· 고려대학교 교육대학원 교육학과 평생교육전공 석사 졸업
· 전남대학교 환경공학과 졸업

경력
· 보나스 대표
· 한국산업인력개발 산업현장전문가
· 한양여자대학교 일학습병행사업 강사
· 용인시디지털산업진흥원 창업전문위원
· 광주시 청소년수련원 미래교육활동가
· 광주시 해공시민대학 민주시민학 교수

자격
· 직업능력개발훈련교사 3급(문화콘텐츠, 마케팅, 일반사무/총무)
· 평생교육사 2급
· 사회복지사 2급
· 창업보육전문매니저

저서

· 학위논문 「게임산업종사자의 직무특성이 프로틴경력태도에 미치는 영향」, 2013.

제11장

인생의 로드맵, 10년 뒤 나의 모습

· 김영대 ·

들어가며

필자가 인생의 로드맵, 『10년 후의 내 모습을 상상하라: 미래 일자리 확보를 위한 스펙』에 참여하게 된 계기는 그동안 필자도 불안하고 불확실했던 미래에 대해 어떻게 살아갈지 걱정하면서 살아왔기 때문이다.

인생에 터닝 포인트가 된 2020년과 2021년, 코로나19 팬데믹은 필자의 삶을 변화시켰다. 불확실한 미래를 대비하기 위해 2020년~2021년 필자는 창직·창업분야에 전문가로서, 미래 시대를 준비하는 N잡러로서 필요한 지식과 자격, 경험과 지혜를 배우기 위해 2020년 여러 협회에 가입하며, 비대면 온라인 웨비나 등 수많은 교육에 참석하였고, 다양한 자격증을 취득하였다.

필자는 2021년 (사)창직교육협회와 인터넷 온라인 뉴스채널인 Tnews의 전문기자양성과정에 참여하여, Tnews 전문기자가 되었다. 또한, 5편의 공저에 참여하며 각 분야의 전문가분들과 상호작용하며 미래 시대의 N잡러로서 다양한 활동을 준비하고 있다.

2021년 11월 드디어 필자의 48년 인생 처음으로 10년 뒤의 나의 모습에 대해 기분 좋은 상상을 하며 이 글을 쓰고 있다. 이글을 통해 힘겨웠던 코로나19 상황에서 변화된 환경에 어려움을 겪고 계신 분들에게 조금이나마 위로와 격려, 동감과 공감, 용기를 드리고, 새로운 환경에 도전하여 위기를 극복할 수 있기를 기대하는 마음에서 글을 작성한다.

변화된 환경에서 새로운 인생 2막을 준비하시는 분들에게 도움을 드려서 그분들의 가치를 찾아 도전할 수 있는 용기와 희망을 전하고 싶다.

구분	내 용
창직명	[가치(Value)를 찾아주는 창직창업전문가]
작명 의도	창직과 창업은 사회적 가치창출에서부터 시작됩니다. 추구하는 가치와 자아에 대한 모든 체 경제적기회만을 위해 창업하여 실패하시는 분들이 많이 있습니다. 창직과 창업을 준비하는 예비 창직,창업가들에게 자신을 관찰하고, 분석하여, 자아를 찾고, 자신이 추구하는 가치를 실현할 수 있는 창직, 창업이 될 수 있도록 도와주기 위해 가치를 찾아주는 창직창업전문가로 작명하였습니다.
직무 정의	* 자아를 관찰, 분석, 발견하여 자신이 원하는 창직,창업,희망 분야를 스스로 찾도록 도움을 주는 커리어코칭 * 가치를 찾아주는 아이디어도출, 아이템개발에서 창직, 창업 프로세스 전반에 대한 교육과 컨설팅, 멘토링.
필요 역량 (이력 경력사항)	-코칭과 교육, 컨설팅, 멘토링에 필요한 역량- 대인친밀성, 관계구축, 전략적 사고, 고객지향, 자기주도, 분석력, 의사소통, 시간관리, 정보관리, 긍정적 사고, 문제해결, 바른예시, 동기부여, 유연성, 도전정신 -이력 및 경력사항- 홍익대학교 이학사, 오퍼레이션전공 경영학석사, 창업경영전공 창업학석사, 오퍼레이션전공 경영학박사(대학원), 미래캠퍼스, 경영창업실무학과 겸임교수, 전)순천대학교 보건대학원 연구교수, 전)연세대학교 객원교수, 전)한세대학교 경영연구소, 풀뿌리SCM연구센터 연구원 창업지도사 1급, 1인미디어창작전문가, 커리어코칭 1급, 창직컨설턴트 1급 고용노동부, 행안부, 통 국책사업 운영, 강원도창업진흥원, 인적자원개발위원회, 한국환경산업기술원 자문, 심사, 평가, 멘토링, 컨설팅 다수 경험. 한국창업학회, 한국벤처창업학회, 한국중소기업학회, 한국경영학회, 한국무역학회, (사)커리어코치협회, (사)한국1인미디어창직창업협회, (사)창직교육협회 평생회원

필자는 2020년 (사)창직교육협회의 창직컨설턴트 1급 자격증과정을 수강하면서 '가치를 찾아주는 창직·창업전문가'라는 퍼스널 브랜드를 만들었고, 현재도 창직·창업전문가로 활동한다.

10년 뒤 미래에는 10가지의 직업을 가진 N잡러로서 그 유형은 다음과 같다. 창직·창업분야와 경영분야의 컨설턴트·멘토·코치로 활동하는 전문가, 역량 있는 예비창업자와 기창업자들을 발굴하고 그들의 창업활동을 홍보하고 창업준비단계에서 창업단계, 성장단계에 도움을 주어 지속가능할 수 있도록 돕는 창업전문기자와 칼럼니스트, 창업전문가들을 위한 창업정서코치, 학생들이나 취준생들을 위한 커리어코치, NCS기반 공공기관면접관, 1인크리에이터 전문가, 그동안의 경험을 바탕으로 다양한 사례들과 연구논문을 작성하는 창업학자, 데이터 애널리스트, 글쓰기 책 쓰기를 통한 작가, 걷기와 달리기를 생활화하며 지역을 소개하는 건강큐레이터 등과 같은 모습으로 활동하는 모습을 상상한다.

　2020년, 코로나19 팬데믹은 필자에게 여러 어려움을 겪게 했고, 아이러니하게도 그 어려운 현실이 필자에게는 새로운 기회가 되었고, 나를 변화시켰다. 47년 동안 '우물 안의 개구리'처럼 넓은 세상의 수많은 기회를 인지하지 못했고, 좁은 우물 안에서 불확실한 미래에 대한 불안함과 두려움으로 생활했지만, 2021년 현재는 미래가 불안하거나 두렵지 않다. 그리고 선한 영향력으로 도움을 주시는 인생의 멘토분들을 만나게 되면서 불확실한 미래를 대비해 다양한 분야들을 조금씩 배우며 준비하고 있다.

　그러나 글을 작성하고 있는 지금 이 순간에도 10년 후 나의 모습을 작성하는 것은 쉽지 않다. 돌이켜 생각해 보면, 10년 전의 나에게로 돌아갔을 때, 2021년 현재의 모습은 내가 2011년에 상상했던 모습이 아니기 때문이다. 그 이유는 10년 전에는 현재의 나에 대해 '내가 누구인가?'와 '나는 무엇을 바라고 원하는가?'에 대해 생각해 보지 못했고, 무엇을 어떻게 해야 할지 알지 못했다.

　그뿐만 아니라 10년 뒤의 나에 대해 생각하지 않았고, 시도조차 하지 않았다. 핑계일지는 모르겠으나, 그럴 시간적 여유가 없이 너무 바쁘고, 정신없게 보냈던 것은 사실이다. 여러분들도 동감하고, 공감했을 거라 생각한다. 하지만 지금부터 10년 인생로드맵을 시작한다면 여러분들도 변화된 자신을 찾을 수 있을 거라 확신한다.

다음으로는 코로나19 이전의 나의 모습, 코로나 팬데믹 이후 2020년과 2021년 변화된 환경과 미래를 설계하는 나의 모습과 2031년 '창직·창업·경영분야의 전문가이자 N잡러'가 되기 위해 준비하는 나의 모습을 이야기하고, 마지막으로 나의 10년 커리어로드맵을 제시하고자 한다.

2020년(코로나 팬데믹) 이전 나의 모습

2019년 12월 20일 기준 필자의 이력서

코로나19가 시작되기 전 2019년 12월 20일 기준에서 현재라고 생각하며 필자의 이력서를 소개하고자 한다. 필자는 2019년 12월 기준 연세대학교 정경·창업대학원 창업학전공 전담교수로 활동하며, 2기 국책대학원이던 창업대학원 창업학전공의 학사운영과 강의, 대학원생들의 논문지도, 정경대학 경영학부에서 경영학 강의를 하고 있다. 고용노동부, 행안부의 창업지원패키지 사업의 실무책임을 맡아 기획과 운영을 하고 있다. 외부의 일정 없이 소속학교의 업무들만 하고 있다.

필자는 연세대학교 문리대학에서 통계학을 전공하여 이학사 학위를 받았고, 석사과정은 연세대학교 일반대학원 경영학전공 경영학석사 학위를 받았으며, 생산관리와 품질관리를 전공하였다. 박사과정은 연세대학교 일반대학원 경영학전공으로 경영학박사 학위를 취득했으며, 전공은 운영관리로 세부전공은 물류관리와 공급체인경영이다.

박사과정인 2004년 3월부터 2014년 2월까지 연세대학교 경영대학 경영연구소, 물류/SCM연구센터 연구원으로 활동하였고, 박사 코스워크를 마친 2005년 2학기부터 강의를 시작했다. 2011년 2월 박사 학위를 마치고, 2012년~2013년 연세대학교 경영대학 경영학과에서 객원교수로 활동했고, 2014년 3월~2016년 2월까지 연세대학교 보건대학원 병영경영 및 보건정책전공 연구교수로 활동하였다.

2016년 9월부터 제2기 국책대학원인 연세대학교 정경·창업대학원 창업학전공 전담교수로 임용되어 대학원 창업학전공 강의 및 논문지도, 고용노동부와 행정안전부 등 국책사업의 실무책임을 맡아서 창업지원

패키지 사업의 기획 및 운영을 맡아 활동하였다. 그리고 박사 학위를 마치고 6년이 지난 2017년 3월 중앙대학교 산업창업대학원(산창원) 창업경영전공으로 다시 석사과정에 진학하여, 주 중에는 연세대학교 정경·창업대학원 창업학전공 전담교수로, 주말에는 중앙대학교 산창원 창업학전공 대학원생으로 생활하였고, 2년 뒤인 2019년 2월 창업학석사 학위를 취득하였다. 대학원과정 동안 (사)한국창업지도사협회에서 창업지도사 1급 자격증 취득(2018년)과 사업계획서 발표대회 최우수상(2018년), 우수논문상(2019년)과 학술상(2019년)을 수상하였고, 2019년도 한국창업학회 춘계학술대회「창업 및 창업생태계 세션」에서 우수논문상을 수상하였다.

2017년 고용노동부 지역산업맞춤형 일자리창출 지원사업의 실무책임을 맡아서 운영하던 횡성군 프로젝트는 강원지역 우수사례로 선정되었고, 2018년 6월 전국지방자치단체 일자리대상에서 횡성군청이 고용노동부 장관상인 우수상을 수여하는데 기여하였다. 창업대학원에 소속되어 있다 보니, 학회활동도 한국창업학회 및 중소기업학회, 한국벤처창업학회를 중심으로 활동하였다. 이상이 2019년 12월 기준 필자의 이력 및 경력사항이다.

2기 국책대학원인 연세대학교 정경·창업대학원에 소속되어 있으며, 비정년계열 전임으로 활동하면서도, 대학원 기획 및 운영, 강의 및 논문지도, 고용노동부와 행정안전부의 프로젝트에 참여하면서 평일, 주말 없이 일을 하였고, 방학 기간에도 프로젝트 관련 업무로 쉬지 않고 바쁘게 일을 하였다. 하지만 2기 국책대학원이 종료되는 2020년부터 어떻게 될지 모르는 불확실성으로 마음 한편에는 불안과 걱정이 가득했고, 무엇을 어떻게 준비해야 할지 알지 못한 상태로 미래를 준비할 여유도 없이 지냈다. 필자는 인생 2막, 제2의 인생을 준비할 시간이 필요했고, 필자가 주도하는 삶을 살고 싶어서 2021년 6월 1학기를 마치고, 학교에 사직서를 제출했다.

2020년에서 2021년 코로나19 팬데믹 이후 변화된 환경에서 필자의 인생 처음으로 나 자신, 자아에 대해 성찰했고, 내가 추구하는 가치와 비전, 미션을 설정하여 실천하고 준비하고 있다. 그리고 선한 영향력으로 필자를 도와주시는 여러 인생 멘토분들을 만나서 신중년 10년 프로젝트, 아니 제2의 인생을 꿈꾸고 준비한다. 이제는 더 이상 불확실한 미래에 대해 불안해하거나 걱정하지 않는다. 나에게 찾아온 변화와 준비, 앞으로 만들어가 갈 기회들에 대해 계획하며, 그 여정을 이 글을 통해 공유하고자 한다.

내 인생의 터닝 포인트
코로나19 팬데믹(20~21년)

2021년 11월 29일 기준 필자의 이력서

필자가 이 글을 작성하고 있는 2021년 11월 29일 현재 기준의 이력서이다. 앞서 제시한 2019년 12월 기준 이력서와 비교하면, 몇 가지 변화가 있다. 먼저 이력서의 증명사진이 바뀌었다. 인생 첫 프로필 사진을 찍어서 증명사진으로 대체했다. 프로필 사진에서 보이는 표정도 달라졌다. 코로나19가 확산한 2020년, N잡러를 꿈꾸며 (사)창직교육협회, 커리어코치협회, (사)미래융합교육학회, 한국1인미디어창직창업협회, (사)스타트업미래포럼 등 여러 협회와 학회에 가입하여, 이사직도 맡고 다양한 활동들을 하고 있다. 비대면 온라인 환경이 뉴노멀이 되면서 다양한 협회의 웨비나에 참석도 하고, 온라인과 오프라인 여러 교육을 수강하였으며, 다양한 자격증을 취득했다.

2020년 새로 취득한 자격증은 한국1인미디어창직창업협회에서 발급한 1인크리에이터전문가 1급 자격증, 커리어코치협회에서 발급한 커리어코치 1급 자격증, (사)창직교육협회에서 발급한 창직컨설턴트 1급 자격증을 취득했다. 기존에 취득했던 창업지도사 1급 자격증 외에 3개의 자격증을 취득하였고, 창직·창업분야에서 창업컨설턴트, 창업멘토, 창업코치로 활동하고 있다. 창직·창업분야의 전문가로 활동하면서 자문, 심사, 평가를 하고 있다. 물론 자격증을 취득하였다고 바로 현장에 전문가로 활동할 수 있는 것은 아니다. 관련 분야의 다양한 교육과 실습을 통해 가능해진다. 필자도 2020년 여러 협회의 웨비나에 참석하며, 전문가로서 필요한 역량 교육 등을 받아 왔다. 나를 알리는 활동과 인적 네트워킹을 확장하는 활동 등도 꾸준히 해 왔다.

'기회는 찾아오는 것이 아닌, 만들어 가는 것이다.'라는 말이 있다. 여러분들이 시간을 내어 새로운 것을 배우고, SNS를 통해 여러분들을 세상에 알리며, 다양한 인적 네트워킹활동을 하다 보면 기회는 만들어진다. 아무리 준비를 많이 했어도 여러분들이 가만히 기다리면 기회는 스스로 찾아오지 않는다.

　　2020년 다양한 협회활동들과 웨비나 참석, 자격증 취득과정에서 지식을 쌓았다면, 경험과 노하우, 지혜를 얻기 위한 활동을 해야 한다. 가장 좋은 방법은 다양한 분야의 전문가들을 만나야 한다. 하지만 2020년 코로나19 상황에서 만남이라는 것은 현실적으로 불가능했다. 그래서 선택한 방법이 페이스북과 인스타그램 등의 SNS활동이며, 다양한 웨비나 교육과 비대면 콘퍼런스에 참여하여 인적 네트워킹을 확대하는 수밖에 없다.

　　그래서 필자는 또 하나의 실천 항목을 만들었다. '하루 2시간 운동, 하루 2시간 SNS활동'으로 하루가 24시간이 아닌, 20시간으로 생각하고 활동하는 것이다.

　필자도 매일 아침 운동과 SNS활동을 하기 전에는 '시간이 없다.', '여유가 없다.'는 핑계로 하지 않던 활동들이다. SNS활동을 시간낭비라고 생각했지만, 코로나19 이후 SNS활동을 하면서 느낀 것은 SNS활동이 나에게 더 효율적이고 효과적인 방법이라는 것을 깨달았다. 필자 스스로 혼자서 하기에는 불가능하거나, 시간이 오래 걸리는 지식과 경험, 노하우, 지혜 등을 각 분야의 전문가들이 공유해 주고, 자료도 제공해 줄 뿐만 아니라, 자문과 코칭을 해 준다. 매일 하고 있는 SNS활동 2시간은 나에게 가장 효율적이고 효과적인 수단이 되었다.

　자신의 업무와 전문 영역에서만 SNS를 하다 보면 활동이 제한되고, 소재도 다양하지 않으며, 인적 네트워킹 확장에도 큰 도움이 되지 않는다. 매일 꾸준하게 SNS활동을 하면서 누구나 부담 없이 사회관계망을 형성할 수 있도록 일상생활을 공개하며, 동감과 공감을 얻어야 한다. 그렇다면 어떻게 매일 SNS를 글을 공유하는 콘텐츠를 찾을까 고민하다 아침 운동을 선택했다. 걷기 운동과 달리기 운동이다. 나의 건강과 행복을 위해 선택한 운동이 걷기 운동과 달리기이며, 지루하지 않고 지속할 수 있는 방법을 찾은 것이, '동네 한 바퀴'이다.

　내가 살고 있는 곳을 걷거나 달리다 보면 그동안 인지하지 못했던 동네의 새로운 모습들을 발견하게 되고, 그 날의 업무들과 해야 할 일들을 정리할 수 있으며, 하루 일상 중 온전히 나만을 위한 시간을 가질 수 있다. 자신만을 위한 시간을 갖는 것이 무엇보다 중요하다. 자신이 건강하고 행복해야 가족들을 위해, 직장을 위해, 지역사회나 지인들을 위한 가치활동을 할 수 있게 된다.

매일 하는 운동으로 동네 한 바퀴를 돌게 되면 내가 살고 있는 동네를 알게 되고, 그 지역을 사랑하게 된다. 멋진 자연 경관이나 모습들을 보게 되면 행복해지고, 그 경험을 다른 사람들과 공유하고 싶다는 생각을 하게 한다. 매일 동일한 코스로 운동을 하더라도 매일 다른 모습들을 보게 되며, 계절의 변화에 따라, 시간의 변화에 따라 보이는 모습들이 다양하고 경이롭다.

2020년부터 시작한 달리기(러닝챌린지)는 지금까지 지속하고 있는데, 필자를 지속하게 하고, 매일 운동하게 만들어 주는 좋은 동기 요인이다. 랭킹마라톤 애니멀레이스, 컬처런, 컴패션 버추얼 러닝, 굿네이버스 희망걷기대회, 빅워크 등 대부분의 러닝챌린지와 워킹챌린지는 어려운 이웃이나, 아이들, 빈곤지역과 도움이 필요한 곳에 기부되는 이벤트 행사들이다.

필자도 매달 최소 2개의 러닝챌린지에 참여하고, 챌린지 도전을 위한 연습으로 매일 아침 운동을 하게 된다. 매일 운동을 하게 되니, 체력이 좋아지고, 체중과 체지방도 감량되었다. 또한, 나의 발걸음, 나의 러닝챌린지가 누군가에게 도움을 줄 수 있다는 사실이 나를 행복하게 만들어 준다. 내 건강을 위해 운동을 하고, 그러한 운동이 다른 분들에게 선한 영향력을 줄 수 있다면, 하지 않을 이유가 없는 것이다.

이러한 일상들을 SNS에 공유하면 공감해 주고, 격려해 주며, 위로와 칭찬을 받게 되는데, 이것은 필자가 운동을 지속하게 만들어 주는 중요한 동기 요인이 된다. 이러한 아침 운동은 신체적 건강뿐만 아니라 정신적 건강에도 많은 도움이 된다. 무엇보다 코로나19로 어렵고, 힘든 상황에서 누군가의 관심과 위로는 마음속의 평안함을 가져다주고, 행복하게 해 준다. 이러한 행복한 감정은 내가 더 열심히 살아서 다른 누군가에 도움을 주고 싶다는 마음을 갖게 해 준다. 아침 운동은 필자의 SNS활동에 주요 소재가 되어 지속적인 소통을 가능하게 해 준다.

필자는 애니멀레이스, 컬처런 등 매월 최소 2회의 러닝챌린지 도전과 굿네이버스 희망걷기대회, 컴패션버추어러닝, 원주세계걷기축제 등 다양한 이벤트에 참여하고 목표 거리를 신청 후 도전한다. 미션 도전을 위해 매일 연습하고, 연습의 결과 성공한 후 기념메달을 목에 걸고 인증할 때에 얻는 성취감과 행복은 아침 운동과 챌린지 도전을 꾸준하게 할 수 있도록 하는 동기 요인이다.

이렇게 매일 꾸준히 운동하면서 조금씩 좋아지는 체력을 체험하면 운동의 매력에 더 빠져들게 되고, 자연의 소중함과 계절에 따라 변화는 풍경들도 걷기 운동과 달리기 운동을 지속할 수 있게 하는 좋은 동기 요인이 된다. 그뿐만 아니라, 나의 러닝챌린지 도전이 좋은 곳에 기부되어 더 큰 가치창출에 기여하고 있다는 점도 동기 요인으로 작용한다. 마지막으로 걷고, 달리는 아침 운동 시간만큼은 온전히 나 자신만을 위한 시간이 되고, 그 시간 동안 여러 생각을 정리할 수 있다는 점, 자신을 돌아보고, 현재를 진단하며, 미래를 계획할 수 있는 의미 있는 시간이다. 필자가 아침 운동을 즐겨 하는 이유 중의 하나이기도 하다.

2021년에는 현재 주요 이슈들에 대해 정리하고, 배우고 싶어서 여러 공저작업에 참여했다. 공저 참여가 좋은 점은 여러 다양한 분야의 전문가들이 동일한 주제나 키워드에 대한 공통점이나 차이점, 서로 다른 분야에서의 다양한 관점들을 알 수 있고, 무엇보다도 짧은 시간 내에 성과물이 나올 수 있다는 점이다.

필자가 창업전문가이자 대학생들과 대학원생들을 지도하는 입장에서 항상 이야기하는 것 중의 하나는 무엇을 하려는 의지도 중요하지만, 실천과 행동으로 연결되는 동기부여 요소를 찾아 실행하되, 짧은 기간 안에 결과를 얻을 수 있는 작은 목표들을 세워 도전하고, 성공했을 때의 성취감을 느끼며, 조금씩 성장할 수 있는 과제를 선정하도록 권하고 있다.

필자는 2021년 『창직형 창업』(김영기 외), 『문화路 크리에이터』(정승훈 외) 『ESG 경영』(김영기 외), 『메타버스를 타다』(강일모 외) 공저에 참여해 책들이 출간되었다.

커리어코치협회 『한국형 정서코칭을 말한다』(하영목 외)도 곧 출간 예정이다.

2021년도에 또 다른 도전 중의 하나는 (사)창직교육협회와 인터넷 온라인 전문미디어 Tnews와의 협업으로 진행된 전문기자 양성과정에 도전하여 교육과정과 자격시험에 합격하였고, 기사작성방법과 노하우과정을 배우고, 예비기자로서 8월부터 현재까지 13개의 기사를 작성하며, 전문기자로 임명되어, 기자증을 받았다.

필자가 전문기자가 된 이유는 N잡러로서 또 하나의 새로운 직업을 갖기 위해서가 도전한 것은 아니다. 필자는 창업멘토이자 컨설턴트로서 현장에서 예비창업자와 기창업자들을 만나 멘토링과 컨설팅을 진행하다 보면, 사회적 가치를 창출하고 있는 (예비)창업자들에게 그들의 어려운 점을 듣고, 그들이 인지하지 못한 가치들을 찾아 포기하지 않고, 도전하여 성공할 수 있도록 용기와 격려, 칭찬과 응원을 하는 등 정서적 코칭을 한다. 또한, 그 과정에서 예비창업자뿐만 아니라 기창업자조차도 인지도가 낮고, 홍보방법을 배우지 않아 어떻게 해야 할지 몰라서 많은 어려움을 겪고 있는 대표들을 만나게 된다.

필자는 그들에게 SNS를 활용해 그들이 누구이고, 어떤 사회적 가치를 창출하고 있는지, 그들의 비전이 무엇이며, 어떤 미션을 수행하고 있는지 홍보를 해 준다. 그러나 필자가 영향력이 있는 인플루언서도 아니고, SNS 홍보도 너무 제한적이다 보니, 예비창업자들과 기창업자들에게 기대 이상의 성과가 나타나지 않았다. 그래서 필자는 더 많은 사람들에게 알릴 수 있는 방안을 고민하다 창직·창업분야의 전문기자가 되어 그들의 사회적 가치활동과 창업활동을 홍보해서 그들이 창업에 성공하고, 성장할 수 있도록 도와주겠다고 생각했다.

2031년도에는 창직·창업 전문기자와 칼럼니스트가 되어 전국의 역량 있는 예비창업자들과 기창업자들을 발굴해 창업전문가로서 멘토링과 컨설팅뿐만 아니라, 커리어코칭으로 그들이 창업을 포기하지 않고, 성공해서 지속할 수 있도록 도움을 주며, 전문기자로 기사와 칼럼을 통해 그들을 홍보할 계획이다.

2021년 11월 20일 필자는 (사)한국문화교육협회 창립 15주년을 맞아 진행된 2021년 제7회 대한민국문화교육대상 수상자로 선정되었다. 필자가 2021년 동안 문화교육분야에 큰 공헌을 해서 수상했다기보다는 앞으로 더 열심히 사회에 공헌해 달라는 의미의 상이라고 생각한다.

2020년~2021년을 계기로 2031년, 10년 후에는 대한민국 문화교육분야에서 의미 있는 가치를 창출하는 데 기여할 수 있도록 더 겸손한 자세로, 배우고, 나누고 실천하려고 한다. 창직·창업전문가, 창업코치, 창업멘토, 창업컨설턴트로 기창업자와 예비창업자들의 파트너가 되어, 그들이 인지하지 못했던 가치를 찾아, 동기부여하고, 응원과 격려, 칭찬으로 그들이 추구하는 비전과 미션을 수행할 수 있도록 도움을 주는 전문가가 될 것이다.

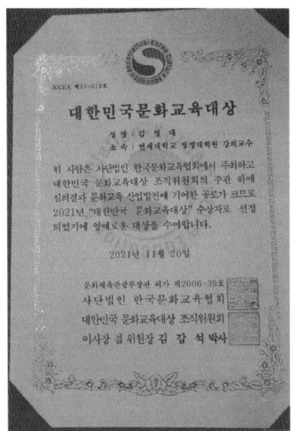

커리어로드맵을 활용하여 10년을 준비하다

독자 여러분들도 신중년 10년 프로젝트, '10년 후의 내 모습을 상상하라'를 작성해 보고 싶다면, 다음의 커리어로드맵을 활용하는 방법도 좋은 방법일 것이다. 커리어로드맵의 자료는 커리어코치협회 윤영돈 부회장님이 운영하고 있는 윤코치연구소에서 제공받아 공유한다.

작성순서는 다음과 같다. 커리어로드맵 선언문작성, 커리어로드맵 3단계 작성, 나의 10년 후 미래, 진정 이루고 싶은 10가지, 가지고 싶은 것 10가지, 나의 역할 탐색 8가지, 내 인생을 한마디로, 나의 핵심가치, 나의 비전, 나의 미션, 나의 슬로건, 나의 강점과 약점, 나의 성취 스토리, 나의 인생파트너, 내가 닮고 싶은 역할모델, 변화를 이끌어 내는 Action Plan, 나의 선언의 순서로 작성하면 된다. 과정은 다음과 같다.

My Career Road-map

작성 날짜: 2021년 11월 22일
성명: 김영대   나이: 48세

나 김영대 는
내 자신의 성장과 가족의 행복을 위한 밑그림으로써
이 글을 쓰는데 기꺼이 헌신하겠다.

커리어 로드맵 그리기 3단계

- 내가 세상에 내놓을 것은 무엇(What)인가?
- 내 능력을 발휘할 수 있는 곳은 어디(Where)인가?
- 원하는 직업을 어떻게(How) 구할 것인가?

나의 10년 후 미래

구분	현재(2021년) 나이(48세)	미래(2031년) 나이(58세)
분야	창직, 창업, 경영	창직, 창업, 경영
직업	프리랜서 창업경영전문가	프리랜서 창업경영전문가 창업코치, 커리어코치
직위	없음	연구소소장 또는 컨설팅대표
직무	창업관련 자문, 심사, 평가, 컨설팅, 멘토링, 강의	창업전문가로 강의, 컨설팅, 멘토링, 코칭
거주지역/형태	인천광역시/아파트	지방/ 마당 있는 2층 전원주택
가족구성	처, 딸, 아들	처, 딸, 아들

진정 이루고 싶은 것 10가지

구분	내용
1	예비창업자, 기창업자들의 가치를 찾아주는 창직창업 멘토
2	창업전문가들을 위한 창업코치(코칭전문가)
3	고등학생, 대학생들을 위한 커리어코치
4	창직창업 전문가(자문, 심사, 평가, 멘토링, 컨설팅)
5	창직창업 전문기자
6	경영컨설턴트
7	NCS기반 공공기관 면접관
8	지역 홍보 및 가이드 전문가
9	달리기와 걷기 동호회 멤버
10	경제적 능력을 갖춘 아빠

가지고 싶은 것 10가지

구분	내용
1	비전과 미션, 추구하는 가치를 함께 할 팀 또는 조직
2	경제력(돈)
3	정원이 있는 2층 전원주택
4	다양한 분야의 인적네트워킹
5	1인 크리에이터로서의 역량
6	손오공의 분신술(?)
7	정주영의 도전정신(창업가정신)
8	
9	
10	

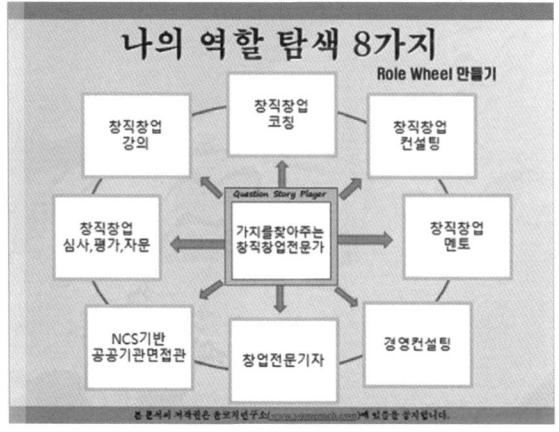

나의 역할 탐색 8가지
Role Wheel 만들기

내 인생을 한 마디로 무엇인가? Log line

내 인생을 한마디로~	설정 이유
가치를 찾아주는 창직창업전문가가 되기 위한 다이내믹한 경험과 여정	그동안 내 자신에 대해 깊이 고민하지 않았으며, 내가 누구이고, 내가 추구하는 가치와 비전이 무엇이며, 내가 존재하는 이유에 대해 생각해보지 않다가, 2020년 커리어코치협회에 가입하고, 커리어코칭 1급과정과 에니어그램의 지혜 등 커리어코치협회의 웨비나에 참석하며 나에 대해 처음으로 생각하게 되었고, 이제는 진정한 나를 찾았고, 앞으로 나아가야 할 방향을 찾았다

My Core Value

나의 핵심가치	설정 이유
나의 핵심가치 : 행복	모두가 행복해하는 세상을 만들고 싶음
행복의 근원 : 가족, 지인, 나의 도움이 필요로한 예비, 기창업자	에니어그램 성격유형 2번
	다른 사람에게 도움을 주며, 자신의 존재가치와 삶의 가치를 느끼는 유형

My Mission

나의 사명	설정 이유
1. 역량있는 (예비)창업자 발굴 2. (예비)창업자 멘토링과 컨설팅 3. 창업전문가들의 정서코칭 4. 학생과 취준생들을 위한 커리어코칭 5. 창업전문기자로 홍보와 네트워킹 도움	행복의 원천이자 존재의 이유

My Vision

나의 비전	설정 이유
창직창업을 통한 일자리창출과 부가가치 창출, 지역경제 활성화로 모두가 행복해지는 세상, 모두가 함께 하는 세상 만들기	내가 중요하게 생각하는 가치는 행복이고, 행복을 위해 세상에 필요한 존재가 되어 함께 만들어 가고 싶기 때문

My Slogan

나의 슬로건	설정 이유
1. 경청하고, 이해하고, 공감하자 2. 긍정적인 마인드를 갖자 3. 기회는 찾아오는 것이 아니라 만드는 것이다 4. 건강한 신체에서 건강한 정신이 나온다 5. 끊임없는 배움이 젊음의 비결이다	코로나19팬데믹 이후 비대면 온라인 환경하에 페이스북에서 만났던 인생의 멘토들과 성공한 대표들의 마인드와 정신, 태도를 벤치마킹하여, [사회적 가치 창출, 배워서 남주고, 배워서 나누자]를 실천하기 위해서......

나의 강점 vs 약점

구분	자신의 강점(Strength)	자신의 약점(Weakness)
지식	창업학, 경영학, 통계학	공학, 인문학, 철학
기술	코칭, 컨설팅, 멘토링, 융합, 커뮤니케이션, 경청, 공감, 설득, 창찬	소프트웨어 및 하드웨어스킬 오피스활용기술
경험	16년간 대학 학부/대학원 강의, 논문지도 6년간 창업전문가(자문, 심사, 평가)	창업경험이 없음 창업전문가로써의 경력이 부족
성격	포용, 수용	잘못된 것을 참지 못함

나의 성취스토리

제목	내용
상황/동기	역량있지만 경영과 창업의 경험이 없어, 홍보를 하지 못하고, 주변에 도움을 요청하는 것을 어려워하는 예비창업자와 기창업자들을 만나서 멘토링과 컨설팅을 진행함/강원도경제진흥원 제공 지역 주민창업지원사업, 행안부 맞춤형 청년창업지원사업에서 만난 (예비)창업자
행동	그들이 인지하지 못했던 사회적 가치를 찾아주었고, 홍보방법과 정부지원사업 소개, 필자의 SNS를 통한 홍보와 네트워킹을 활용한 맞춤형 컨설팅과 멘토링 진행
결과	예비사회적기업과 사회적기업 선정, 정부나 지자체 지원사업 선정, 사업다각화의 기회제공, 인지도 상승, 매출상승 등 부가 가치 창출

나의 인생파트너

이름	소속/업무	관계	선정이유	후원 받을 내용
한만용 교수님	서일대학교/ 세무회계학과 교수	인생 멘토 & 동문회	베허시남주자 베허시나누자 교학상장 앙념지교 실천	다양한 정보와 노하우, 삶의 지혜 인생의 방향설정에 조언
문성식 이사장님	(사)창의교육협회/ 이사장 ㈜인기솔벳/ 대표이사	인생 멘토 협회소속	창익창업분야 다양한 경력과 노하우 실천력	다양한 창익과정 참여기회 멘토링기회
김영기 박사님	(사)한국경영기술 지도사회 창업창익추진 사업단장 한국브랜드경영학회/ 학회장	인생 멘토 & 문하생	N잡러의 롤모델 인맥닫진, 일면, 배서, 전북, 단보, 실천 베허시남주자 실천	2021년 공저참여기회제공 다양한 정보제공
윤영돈 박사님	커리어코치협회 / 부회장	인생 멘토 협회소속	커리어전문코치 문학박사 베스트셀러작가 언론멘접관	코치의 자세 면접관 기회제공 창업코치의 역량 노하우

내가 닮고 싶은 역할모델

이름	프로필	존경 계기	나의 계획
강원곤 교수님	(전) 연세대학교 미래캠퍼스 경영대학 경영학과 교수 (경남되닙)	인생멘토 라이프로델(경청, 공감) 재자지권 존중, 격려, 지원 인간관계, 지속가능성 도전정신에 대한 가르침	인생멘토 창의, 창업 컨설던트 창업전문가
한만용 교수님	(전) 서일대학교 세무회계학과 교수	인생멘토 베허시남주자, 베허시나누자, 교학상장, 앙념지교 말보다 실천으로 가르침	베허시남주자 베허시 나누자 실천 다양한 인적네트워킹
김영기 박사님	(전) 한국경영기술지도사회 창업창익추진사업단장 (전) KCA브랜드인플랫폼 대표컨설던트 (전) 한국브랜드경영학회 학회장	인생멘토 & N잡러(20여가지 직업) 인맥닫진, 베허시 남주자 실면, 배서, 전북, 단보, 생활화 및 실천	N잡러 도전 10년간 저서 20권도전 1일 만보훈동실천 독서, 글쓰기 실천
문성식 이사장님	(사)창의교육협회 이사장 ㈜인기솔벳 대표 (전) 명지대학교 겸임교수	인생멘토 & N잡러 삼보업단터 사원입사 투 이사인 승진 자격증: 정쟁교육사, 커리어컨설던트, 기업경영컨설, 창의컨설던트 등 14개 자격증	다양한 인적네트워킹 형성 도전정신, 지속가능성

변화를 끌어내는 Action Plan

구분	1	2	3
지식(Knowledge)	코칭, 심리, 상담 정신분석학 셀프리더십, 셀프코칭	신체건강 정신건강	ESG경영 메타버스 6차산업혁명
자세(Attitude)	경청, 이해, 공감 격려, 응원, 지지 동기부여	지속가능성 절제, 통제	인정, 수용 객관성, 타당성
기술(Skill)	코칭, 멘토링 컨설팅, 상담	자기관리, 절제	데이터마이닝 데이터사이언스 데이터애널리스트
습관(Habit)	하루 1시간씩 코칭스터디 독서 및 실습	하루2시간 아침운동 러닝1시간, 걷기1시간 하루 팬보	하루2시간 SNS 인적네트워킹 책읽기, 글쓰기

나의 선언

구분	나의 선언 내용
보상	나 김영대는 이 글에 쓴 것을 특별히 기억하고 실천한다. 성취하였을 때, 다음과 같은 방법으로 내 자신에게 보상하겠다. 대한민국 전역을 돌면서 역량있고, 의지가 높으며, 사회적 가치를 실천하는 예비창업자와 기창업자들에게 무료로 컨설팅과 멘토링을 해주겠다.
감사	이 글을 쓰고 있는 내 자신에게 자랑스럽고 살아 있음에 감사한다. 서명 : 김영대 (인) 날짜 : 2021년 11월 22일

참고문헌

1. 『메타버스를 타다』, 강일모 외, 브레인플랫폼, 2021.11.
2. 『인생 2막 멘토들』, 김영기 외, 브레인플랫폼, 2020.3.
3. 『창직형 창업』, 김영기 외, 브레인플랫폼, 2021.5.
4. 『꿈에 날개를 달아주는 미래코칭』, 김이준, 이담북스, 2012.11.
5. 『문화路 크리에이터』, 정승훈 외, 이새의나무, 2020.3.
6. 『한국형 커리어코칭을 말한다』, 하영목 외, 북코리아, 2020.7.
7. 윤코치연구소 [My Career Road-map] PPT

저자소개

김영대 Kim Young Dai

학력

· 경영학박사(연세대학교, 2011)

· 창업학석사(중앙대학교, 2019)

· 경영학석사(연세대학교, 2003)

· 이학사(연세대학교, 2001)

경력

· 전) 연세대학교 정경창업대학원 창업학전공 전담교수
  - 2016~2021년: 고용노동부 지역산업 맞춤형 맞춤형 일자리창출 지원사업 기획 및 운영
  - 2019~2020년: 행정안전부 맞춤형 청년창업 지원프로그램 컨설팅프로그램 기획, 운영, 컨설팅
· 티뉴스 창업전문기자
· 강원도 경제진흥원 창업전문위원
  - 2020~2021년 폐광지역 주민창업 지원사업-자문, 평가, 심사, 컨설팅&멘토링
· 강원도인적자원개발위원회 일자리전문관 (자문)
· 한국환경산업기술원 창업전문위원
  - 2020년: 에코스타트업 자문, 심사, 평가, 조언, 컨설팅
· 원주여성새로일하기센터 일자리협력망 위원

- 2020~2021년: 경력이동 여성 취창업 지원, 창업지원프로그램 자문
· 한국1인미디어창직창업협회 원주센터장
· 커리어코치협회 상임이사
· (사)창직교육협회 이사
· (사)스타트업미래포럼 이사
· 전) 연세대학교 보건대학원 연구교수(2014~2015년)
· 전) 연세대학교 경영대학 객원교수(2012~2013년)
· 평생회원 활동 학회 - (사)한국창업학회, (사)한국벤처창업학회, (사)한국경영학회, (사)한국중소기업학회, (사)한국무역학회, (사)미래융합교육학회 등

자격
· 창업지도사 1급 (사)한국창업지도사협회
· 1인크리에이터전문가 1급 (사)한국1인미디어창직창업협회
· 커리어코치 1급 (사)커리어코치협회
· 창직컨설턴트 1급 (사)창직교육협회
· 전문기자 자격, 티뉴스

저서
· 「창직형창업」, 브레인플랫폼, 2021.(공저)
· 「문화路 크리에이터」, 이새의나무, 2021.(공저)
· 「ESG경영」, 브레인플랫폼, 2021.(공저)
· 「메타버스를 타다」, 브레인플랫폼, 2021.(공저)
· 「한국형 정서코칭을 말하다」, 북코리아, 2021.(공저)

수상
· 제7회 대한민국문화교육대상(2021.11) 한국문화교육협회
· 우수논문상(2019.4) 한국창업협회
· 학술상(2019.2) 중앙대
· 우수논문상(2019.2) 중앙대
· 사업계획서발표대회 최우수상(2018.12) 중앙대
· 고용노동부장관상 우수상(2018.6) 대한민국정부-횡성군청(전국지방자치단체 일자리대상)

· 강원지역우수사례선정(2017.12): 횡성군사업
· 우수강의상(2015.2) 연세대

**10년 후의
내 모습을
상상하라**

초판 1쇄 인쇄 2021년 12월 27일
초판 1쇄 발행 2022년 01월 03일

지은이 김영기, 김정혁, 곽호승, 이승관, 윤인석, 김재우,
　　　　김형선, 최재영, 김솔규, 윤재훈, 김영대
펴낸이 김민규

편집 김수현 | **디자인** 조언수 | **마케팅** 이재영

펴낸곳 브레인플랫폼(주)
주소 서울특별시 서초구 법원로3길 19, 2층(서초동)
등록 2019년 01월 15일 제2019-000020호
이메일 iprcom@naver.com

ISBN 979-11-91436-12-9 13320

이 책은 저작권법에 따라 보호를 받는 저작물이므로 무단전재 및 복제를 금지하며,
이 책 내용의 전부 및 일부를 이용하려면 반드시 저작권자와 브레인플랫폼(주)의
서면동의를 받아야 합니다.

* 잘못된 책은 구입하신 서점에서 바꾸어 드립니다.